◎崇德国文丛书

论语选段精读

刘薇 杨彬 主编

东华大学出版社

图书在版编目（CIP）数据

《论语》选段精读 / 刘薇，杨彬主编 . -- 上海：东华大学出版社，2025. 7. --（崇德国文丛书）.

ISBN 978-7-5669-2566-4

Ⅰ. B222.2-49

中国国家版本馆 CIP 数据核字第 2025BP7572 号

责任编辑　周慧慧

封面设计　曾国铭

《论语》选段精读

LUNYU XUANDUAN JINGDU

主　　编　刘　薇　杨　彬

出版发行　东华大学出版社（上海市延安西路 1882 号　邮政编码：200051）

营销中心　021-62193056　62379558

出版社网址　http://dhupress.dhu.edu.cn/

印　　刷　苏州工业园区美柯乐制版印务有限责任公司

开　　本　787mm × 1092mm　1/16　　印张　18.5　　字数　416 千字

版　　次　2025 年 7 月第 1 版　　印次　2025 年 7 月第 1 次印刷

书　　号　ISBN 978-7-5669-2566-4

定　　价　68.00 元

目录

第一篇 孔子其人（一）

孔子（公元前551年—公元前479年），子姓，孔氏，名丘，字仲尼，春秋时期鲁国陬邑（今山东省曲阜市）人，中国古代伟大的思想家、政治家、教育家，儒家学派创始人、“大成至圣先师”。

1

zi zhī yàn jū shēn shēn rú yě yāo yāo rú yě
子之燕居①，申申②如也，夭夭③如也。

（《述而第七》第4则）

字词解释

① 燕居：也就是闲居，安居，指闲暇无事之时。

② 申申：指舒展齐整的样子。

③ 夭夭：指神情愉悦的样子。

句子翻译

孔子闲居在家里的时候，衣冠楚楚，仪态温和舒畅，悠闲自在。

2

zǐ yuē gài yǒu bù zhī ér zuò zhī zhě wǒ wú shì yě
子曰：“盖①有不知而作之者，我无是也。
duō wén zé qí shàn zhě ér cóng zhī duō jiàn ér zhì zhī zhī zhī
多闻，择其善者而从之；多见而识②之，知之
cì yě
次③也。”

（《述而第七》第28则）

字词解释

① 盖：大概。

② 识：通“志”，记住。

③ 次：《论语》中出现过八次，均当“差一等、次一等”。

句子翻译

孔子说：“大概有一种人不了解情况就凭空造作，我不会这样。多听，选择其中好的加以学习；多看，把细节牢记在心，这样的知是次一等的。”

成语积累

择善从之：指采纳正确的建议或选择好的方法。

3

子(zǐ)在(zài)川(chuān)上(shàng)①曰(yuē)：“逝(shì)②者(zhě)如(rú)斯(sī)③夫(fú)④！不(bù)舍(shě)⑤昼(zhòu)夜(yè)。”

（《子罕第九》第17则）

字词解释

① 川上：河边。川，河流。

② 逝：往，离去。

③ 斯：这，指河水。

④ 夫：语气词，用在句末，表示感叹。

⑤ 舍：放弃。

句子翻译

孔子在河边说：“消逝的时光就像这河水啊！不分日夜地向前奔流。”

成语积累

逝者如斯：时间就像这奔腾的河水一样，不停地流逝，形容光阴如流水一去不返。

4

jiù fén　zǐ tuì cháo　yuē　shāng rén hū　bú wèn mǎ

厩焚①，子退朝，曰："伤人乎？"不问马。

（《乡党第十》第 17 则）

字词解释

① 焚：失火烧掉。

句子翻译

（孔子家的）马棚失火烧掉了。孔子退朝回来，说："伤到人了吗？"而不问马的情况怎么样。

5

zi lù sù yú shí mén　chén mén　yuē　xī zì　zi lù yuē

子路宿于石门①。晨门②曰："奚自？"子路曰：

zì kǒng shì　yuē　shì zhī qí bù kě ér wéi zhī zhě yú

"自孔氏。"曰："是知其不可而为之者与？"

（《宪问第十四》第 38 则）

字词解释

① 石门：地名，鲁国都城的外门。

② 晨门：早上看守城门的人。

句子翻译

子路在石门住宿了一夜。早上守城门的人说："从哪儿来？"子路说："从孔子家来。"守门人说："就是那位知道做不成却还要做的人吗？"

第二篇 孔子其人（二）

6

zǐ yuē shí shì zhī yì bì yǒu zhōng xìn rú qiū zhě yān bù
子曰：“十室之邑①，必有忠信②如丘者焉，不

rú qiū zhī hào xué yě
如丘之好学也。”

（《公冶长第五》第 28 则）

字词解释

① 邑：村庄。

② 忠信：讲忠信的人。

句子翻译

孔子说：“即使只有十户人家的小村子，也一定有像我这样讲忠信的人，只是不如我那样好学罢了。”

7

zǐ yuē mò ér zhì zhī xué ér bú yàn huì rén bú juàn
子曰：“默而识①之，学而不厌②，诲人不倦，

hé yǒu yú wǒ zāi
何有于我哉？”

（《述而第七》第 2 则）

字词解释

① 识：通“志”，记住。

② 厌：满足。

句子翻译

孔子说：“默默地记住（所学的知识），学习不觉得满足，教人不知道疲倦，对我来说，还有什么遗憾呢？”

成语积累

诲人不倦：教导人特别耐心，从不厌倦。

8

shè gōng wèn kǒng zǐ yú zǐ lù zǐ lù bú duì zǐ yuē rǔ
叶公[①]问孔子于子路，子路不对。子曰：“女
xī bù yuē qí wéi rén yě fā fèn wàng shí lè yǐ wàng yōu bù
奚[②]不曰：‘其为人也，发愤忘食，乐以忘忧，不
zhī lǎo zhī jiāng zhì yún ěr
知老之将至云尔[③]。’”

（《述而第七》第 19 则）

字词解释

① 叶公：楚国大夫沈诸梁，字子高。封地在叶邑，今河南叶县南三十里有古叶城。

② 奚：何，为什么，怎么。

③ 云尔：云，如此。尔，同“耳”，而已。

句子翻译

叶公问子路孔子是个怎样的人，子路没有回答。孔子说：“你为什么不这样说：‘他的为人，发愤用功到连吃饭都忘了，快乐得忘记了忧愁，不知道衰老将要到来，如此而已。’”

9

zǐ diào ér bù gāng yì bú shè sù
子钓而不纲①，弋②不射宿③。

（《述而第七》第 27 则）

字词解释

① 纲：大绳。这里作动词用。在水面上拉一根大绳，在大绳上系许多鱼钩来钓鱼，叫纲。

② 弋：用带绳子的箭来射鸟。

③ 宿：指归巢歇宿的鸟儿。

句子翻译

孔子只用（有一个鱼钩）的钓竿钓鱼，而不用（有许多鱼钩的）大绳钓鱼，只射飞鸟，不射巢中歇宿的鸟。

10

zǐ yuē bǎo shí zhōng rì wú suǒ yòng xīn nán yǐ zāi bù yǒu
子曰："饱食终日，无所用心，难矣哉！不有

bó yì zhě hū wéi zhī yóu xián hū yǐ
博弈①者乎？为之犹贤乎已。"

（《阳货十七》第 22 则）

字词解释

① 博弈：博，古代一种棋，掷骰子然后行棋；弈，围棋。

句子翻译

孔子说："整天吃得饱饱的，什么心思也不用，这就难办了呀！不是有掷骰子、下围棋之类的游戏吗？干干这些，也比什么都不干好些。"

成语积累

饱食终日：意思是指整天吃饱饭，不动脑筋，不干什么正经事。

第三篇　颜回其人（一）

颜回，曹姓，颜氏，名回，字子渊，鲁国都城人（今山东省曲阜市），尊称复圣颜子，“孔门七十二贤”之首。

11

yán yuān sǐ　zǐ yuē　yī　tiān sàng yú　tiān sàng yú
颜渊死。子曰：“噫！天丧予[1]！天丧予！”

（《先进第十一》第 9 则）

字词解释

① 天丧予：上天是要我的命。

句子翻译

颜渊死了。孔子说：“哎呀！上天是要我的命啊！上天是要我的命啊！”

12

yán yuān sǐ　zi kū zhī tòng　cóng zhě yuē　zǐ tòng yǐ　yuē
颜渊死，子哭之恸，从者曰：“子恸矣！”曰：

yǒu tòng hū　fēi fú　rén zhī wèi tòng　ér shuí wèi
“有恸乎？非夫[1]人之为恸[2]而谁为？”

（《先进第十一》第 10 则）

字词解释

① 夫：指示代词，此处指颜渊。

② 恸：极度悲哀。

句子翻译

颜渊去世后，孔子哭得极其悲痛，跟随孔子的人说：“您悲痛太过了！”孔子说：“我悲痛太过了吗？可不为这样的人悲痛还为谁悲痛呢？”

13

zǐ yuē wú yǔ huí yán zhōng rì bù wéi rú yú tuì ér
子曰：“吾与回言终日，不违①，如愚。退而
xǐng qí sī yì zú yǐ fā huí yě bù yú
省②其私③，亦足以发④，回也不愚！”

（《为政第二》第 9 则）

字词解释

① 不违：不提相反的意见和疑问。

② 省：考察，观察。

③ 私：独处。指颜回不在孔子身边时，私下的言行。

④ 发：发扬（思想、言论）。

句子翻译

孔子说：“我整天与颜回讲学论经，他始终没有提出反对意见和疑问，一副迟钝愚笨的样子。等他退下后，我考察他私下的行为，发现他能充分阐发经典的要义宏旨。可见颜回一点也不愚钝啊！”

14

zǐ wèi zǐ gòng yuē rǔ yǔ huí yě shú yù duì yuē cì
子谓子贡曰："女与回也孰愈①？"对曰："赐
yě hé gǎn wàng huí huí yě wén yī yǐ zhī shí cì yě wén yī yǐ zhī
也何敢望②回？回也闻一以知十，赐也闻一以知
èr zǐ yuē fú rú yě wú yǔ rǔ fú rú yě
二。"子曰："弗如③也！吾与女弗如也！"

（《公冶长第五》第 9 则）

字词解释

① 愈：胜过、超过。

② 望：比。

③ 弗如：不如、比不上。

句子翻译

孔子问子贡说："你与颜回相比，谁更优秀呢？"子贡回答说："我怎么敢和颜回相比呢？颜回听到一件事就可以推知很多事；而我充其量也只是能由此及彼罢了。"孔子说："你是不如颜回呀，我与你都不如啊。"

成语积累

闻一知十：指听到一点就能理解很多，形容人禀赋聪敏，领悟力、类推力强。

15

āi gōng wèn dì zǐ shú wéi hào xué kǒng zǐ duì yuē yǒu yán
哀公问："弟子孰为好学？"孔子对曰："有颜
huí zhě hào xué bù qiān nù bú èr guò bú xìng duǎn mìng sǐ
回者好学，不迁怒①，不贰过②，不幸短命死
yǐ jīn yě zé wú wèi wén hào xué zhě yě
矣③！今也则亡④，未闻好学者也。"

（《雍也第六》第 3 则）

字词解释

① 不迁怒：不把自己的怒气发泄到别人身上。

② 不贰过：这里指不犯同样的错误。贰，重复、一再。

③ 短命死矣：颜回年仅 29 岁，头发就全部白了，由于劳累他 31 岁就去世了。

④ 亡：同“无”，没有。

句子翻译

鲁哀公问孔子：“你的弟子中谁最好学？”孔子回答说：“颜回是勤奋好学的，他从不迁怒于别人，也从不重犯曾经犯过的过错。可惜的是他短命早逝。现在也还没有发现这样的人，再也没有听说有像他那样好学的人了。”

第四篇　颜回其人（二）

16

zǐ yuē　huí yě　qí xīn sān yuè　bù wéi rén　qí yú zé rì yuè
子曰：“回也，其心三月①不违仁。其余则日月②
zhì yān ér yǐ yǐ
至焉而已矣。”

（《雍也第六》第 7 则）

字词解释

① 三月：指较长的时间。

② 日月：象征时间的流逝，指较短的时间。

句子翻译

孔子说：“颜回啊，他可以在长时间内做到不违背仁义，其余的学生只能在短时间内做到仁而已。”

17

zǐ yuē　xián zāi　huí yě　yì dān　shí　yì piáo yǐn　zài lòu
子曰：“贤哉，回也！一箪①食，一瓢饮，在陋
xiàng　rén bù kān qí yōu　huí yě bù gǎi qí lè　xián zāi　huí yě
巷②，人不堪其忧，回也不改其乐。贤哉，回也！”

（《雍也第六》第 11 则）

字词解释

① 箪：古代盛饭用的圆形竹器。

② 陋巷：此处指颜回的住处。

句子翻译

孔子说："颜回，贤明啊！一小竹筒饭，一瓢冷水，住在偏僻简陋的街巷里。别人都忍受不了这种生活的穷困清苦，颜回却能照样快活。颜回是真正的贤明之士啊！"

成语积累

箪食瓢饮：一箪食物，一瓢水，形容生活贫苦。

18

zǐ yuē yù zhī ér bú duò zhě qí huí yě yú

子曰："语[①]之而不惰者，其[②]回也与？"

（《子罕第九》第 20 则）

字词解释

① 语：告诉。

② 其：大概。

句子翻译

孔子说："听我说话而能始终不懈怠的，大概只有颜回吧！"

19

zǐ wèi yán yuān yuē xī hū wú jiàn qí jìn yě wèi jiàn qí zhǐ yě

子谓[①]颜渊，曰："惜乎！吾见其进也，未见其止也。"

（《子罕第九》第 21 则）

字词解释

① 谓：提到。

句子翻译

孔子谈到颜渊，说："可惜他早逝啊！我只看到他不断地前进，没有看到过他停止。"

20

zǐ wèi yú kuāng yán yuān hòu zǐ yuē wú yǐ rǔ wéi sǐ yǐ
子畏①于匡，颜渊后。子曰："吾以女为死矣。"
yuē zǐ zài huí hé gǎn sǐ
曰："子在，回何敢死！"

（《先进第十一》第 23 则）

字词解释

① 畏：围困。

句子翻译

孔子在匡地遇险，颜回落在后面。孔子说："我以为你不幸遇难了。"颜回说："老师还在，我怎么敢死呢？"

第五篇　子贡其人（一）

端木赐，复姓端木，字子贡。儒商鼻祖，春秋末年卫国黎（今河南省鹤壁市浚县）人。孔门十哲之一，善于雄辩，办事通达，曾任鲁国、卫国的丞相。他还善于经商，是孔子弟子中的首富。

21

zǐ gòng wèn yuē　cì　yě hé rú　zǐ yuē　rǔ　qì
子贡问曰：“赐①也何如？”子曰：“女，器
yě　yuē　hé qì yě　yuē　hú liǎn　yě
也。”曰：“何器也？”曰：“瑚琏②也。”

（《公冶长第五》第 4 则）

字词解释

① 赐：子贡的名。

② 瑚琏：古代祭祀时盛粮食用的器皿，是一种十分贵重的器具。

句子翻译

子贡问孔子：“我这个人怎么样？”孔子说：“你呀，就像一个器具。”子贡又问：“像什么器具呢？”孔子说：“像宗庙里敬神的瑚琏。”

22

zǐ gòng yù qù gù shuò zhī xì yáng zǐ yuē cì yě ěr ài
子贡欲去告朔①之饩羊②。子曰："赐也！尔爱
qí yáng wǒ ài qí lǐ
其羊，我爱③其礼。"

（《八佾第三》第 17 则）

字词解释

① 告朔：古代的一种制度，每年秋冬之际，天子把第二年的历书颁发给诸侯。这历书包括那年有无闰月、每月初一是哪一天，叫颁告朔。诸侯接受了这一历书，藏于祖庙。每逢初一，便杀一只活羊祭于庙，然后回到朝廷听政。这祭庙叫告朔，听政叫视朔，或者听朔。告，为上告下之义。朔，农历每月初一为朔日。

② 饩羊：祭祀用的活羊。

③ 爱：爱惜。

句子翻译

子贡打算把每月初一告祭祖庙用的活羊撤去不用。孔子说："赐啊，你爱惜那只羊，我爱惜那祭祀之礼。"

23

zǐ gòng wèn jūn zǐ zǐ yuē xiān xíng qí yán ér hòu cóng zhī
子贡问君子。子曰："先行①其言而后从之。"

（《为政第二》第 13 则）

字词解释

① 行：实践，实行。

句子翻译

子贡问孔子怎么才能做一个君子。孔子说："要分享的内容，先实践过，然后再讲出来。"

24

zǐ gòng wèn yuē　kǒng wén zǐ　hé yǐ wèi zhī　wén　yě
子贡问曰："孔文子①何以谓之'文'也？"
zǐ yuē　mǐn　ér hào xué　bù chǐ xià wèn　shì yǐ wèi zhī
子曰："敏②而好学，不耻下问③，是以谓之
wén　yě
'文'也。"

（《公冶长第五》第 15 则）

字词解释

① 孔文子：名圉（yǔ），"文"是其谥号，"子"是尊称，卫国大夫。

② 敏：敏捷、勤勉。

③ 下问：向地位比自己低、学问比自己少的人请教。

句子翻译

子贡问孔子："孔文子凭什么以'文'为谥号呢？"孔子回答说："他聪敏好学，又能虚心地向地位低于自己的人请教，而不以为耻，所以谥号以'文'。"

成语积累

敏而好学：天资聪明而又好学。

不耻下问：向比自己地位低、知识少的人请教，不觉得耻辱。

25

zǐ gòng yuē　pín ér wú chǎn　fù ér wú jiāo　hé rú
子贡曰："贫而无谄①，富而无骄，何如②？"
zǐ yuē　kě yě　wèi ruò pín ér lè　fù ér hào lǐ zhě yě
子曰："可也。未若贫而乐③，富而好礼者也。"
zǐ gòng yuē　shī　yún　rú qiē rú cuō　rú zhuó rú mó　qí
子贡曰："《诗》云：'如切如磋，如琢如磨④'，其
sī zhī wèi yú　zǐ yuē　cì yě　shǐ kě yǔ yán　shī　yǐ
斯之谓与？"子曰："赐也，始可与言《诗》已
yǐ　gào zhū wǎng ér zhī lái zhě
矣，告诸往而知来者⑤。"

（《学而第一》第 15 则）

字词解释

① 谄：意为巴结、奉承。

② 何如：《论语》中的“何如”都可以译为“怎么样”。

③ 贫而乐：贫而乐道。

④ 如切如磋，如琢如磨：见《诗经·卫风·淇澳》，意思是加工象牙和骨，切了还要磋；加工玉石，琢了还要磨，有精益求精之意。

⑤ 告诸往而知来者：诸，同“之”；往，过去的事情；来，未来的事情。

句子翻译

子贡说：“贫穷而不逢迎谄媚，富有而不骄傲自大，这样的人怎么样？”孔子说：“这算可以了。但是还不如贫穷却乐于道，富裕而好礼之人。”子贡说，“《诗》说，‘如切如磋，如琢如磨’，就是讲的这个意思吧？”孔子说：“赐呀，你能从我已经讲过的话中领会到我还没有说到的意思，我可以同你谈论《诗》了。”

成语积累

贫而无谄：指虽贫穷而不去巴结奉承人。

富而无骄：意思是指很富有但不趾高气扬。

切磋琢磨：比喻学习或研究问题时彼此商讨，互相吸取长处，改正缺点。

第六篇　子贡其人（二）

26

rǎn yǒu yuē　fū zǐ wèi　wèi jūn hū　zǐ gòng yuē　nuò
冉有曰：“夫子为①卫君乎？”子贡曰：“诺，
wú jiāng wèn zhī　rù　yuē　bó yí　shū qí hé rén yě
吾将问之。”入，曰：“伯夷、叔齐何人也？”
yuē　gǔ zhī xián rén yě　yuē　yuàn hū　yuē　qiú rén ér
曰：“古之贤人也。”曰：“怨乎？”曰：“求仁而
dé rén　yòu hé yuàn　chū　yuē　fū zǐ bú wèi yě
得仁，又何怨②。”出，曰：“夫子不为也。”

（《述而第七》第 15 则）

字词解释

① 为：辅佐。

② 怨：怨恨、怨悔。

句子翻译

冉有问：“老师打算辅佐卫国的君主吗？”子贡说：“好，我去问问他。”子贡进去后，问孔子：“伯夷、叔齐是什么人？”孔子答：“他们是古代的贤人。”子贡又问：“他们有过怨恨吗？”孔子答：“求仁而得仁，有什么怨言呢？”子贡出来说：“老师不会去辅佐卫君的。”

成语积累

求仁得仁：指求仁德便得到仁德，比喻理想和愿望实现。

27

子贡曰："有美玉于斯，韫椟①而藏诸？求善贾②而沽③诸？"子曰："沽之哉，沽之哉！我待贾者也。"

（《子罕第九》第 13 则）

字词解释

① 韫椟：收藏物件的柜子。

② 善贾：识货的商人。

③ 沽：卖出去。

句子翻译

子贡说："这儿有一块美玉，是把它放在匣子里珍藏起来呢，还是找位识货的商人卖掉呢？"孔子说："卖掉它吧！卖掉它吧！我在等待识货的商人啊！"

成语积累

待价而沽：意思是指等待善价出售，也比喻怀才待用或待时而行。

28

子贡问："师与商①也孰贤？"子曰："师也过，商也不及。"曰："然则师愈②与？"子曰："过犹不及。"

（《先进第十一》第 16 则）

字词解释

① 师与商：师，颛（zhuān）孙师，即子张。商，卜商，即子夏。

② 愈：胜过，强些。

句子翻译

子贡问道："颛孙师（子张）与卜商（子夏）谁更优秀？"孔子说："颛孙师做事有些过头了，卜商有时则显得保守。"子贡说："这么说颛孙师更强一些吗？"孔子说："过分就好比做得不够一样，皆不妥当。"

成语积累

过犹不及：指做事过分就好比做得不够一样，皆不妥当，形容做事情要适得其中。

29

zǐ yuē huí yě qí shù hū lǚ kōng cì bú shòu mìng ér
子曰："回也其庶①乎，屡空②。赐不受命③而
huò zhí yān yì zé lǚ zhòng
货殖④焉，亿⑤则屡中。"

（《先进第十一》第 19 则）

字词解释

① 庶：庶几，相近。这里指颜渊的学问道德接近于完善。

② 空：贫困、匮乏。

③ 不受命：一说子贡不受"禄命"，即不做官而去经商，但子贡其实也做过官。一说古代经商的人都是由官方来任命的，不受命即以自己的私有财富来经营商业。今取第二说。

④ 货殖：做买卖，经营商业。

⑤ 亿：同"臆"，猜测，估计。

句子翻译

孔子说："颜回呀，他的学问道德接近于完善了吧，可是他常常贫乏困顿。端木赐不肯安于命运，偏要去做买卖，猜测行情，往往猜中了。"

成语积累

亿则屡中：意思是料事总是能与实际相符。

第七篇　子贡其人（三）

30

zǐ gòng yuē zhòu zhī bú shàn bú rú shì zhī shèn yě shì yǐ jūn
子贡曰："纣①之不善，不如是之甚也。是以君
zǐ wù jū xià liú tiān xià zhī è jiē guī yān
子恶居下流，天下之恶皆归焉。"

（《子张第十九》第 20 则）

字词解释

① 纣：商朝最后一个君王，是有名的暴君。

句子翻译

子贡说："纣王的不善，未必就像传说的那样严重。所以君子憎恨处在不好的环境中，这会使天下一切坏名声都归到他的身上。"

成语积累

恶居下流：原指君子不愿居于卑下的地位，现也指不甘居下游。

31

zǐ gòng fāng rén zǐ yuē cì yě xián hū zāi fú wǒ zé
子贡方人①，子曰："赐也贤乎哉？夫我则
bù xiá
不暇。"

（《宪问第十四》第 29 则）

字词解释

① 方人：有二解，一是郑玄注“言人之过恶”，即讥评别人；二是比也，同别人比而较其短长。两说均通。

句子翻译

子贡议论别人。孔子说：“你端木赐就什么都好吗？我就没有这种闲暇（去议人长短）。”

32

zǐ yuē cì yě rǔ yǐ yú wéi duō xué ér zhì zhī zhě yú
子曰：“赐也，女以予为多学而识[①]之者与？”
duì yuē rán fēi yú yuē fēi yě yú yī yǐ guàn zhī
对曰：“然，非与？”曰：“非也，予一以贯之[②]。”

（《卫灵公第十五》第3则）

字词解释

① 识：通“志”，记住。

② 一以贯之：即以忠恕之道贯穿着它。

句子翻译

孔子对子贡说：“赐呀，你以为我是多多地学习并能牢记所学知识的人吗？”子贡回答说：“是的，难道不是这样吗？”孔子说：“不是的，我是用一个基本观念把它们贯穿起来。”

成语积累

一以贯之：指做人做事，按照一个道理，从始至终都不会改变。

33

子贡问为仁，子曰：“工欲善①其事②，必先利③其器④。居是邦也，事⑤其大夫之贤者，友⑥其士之仁者。”

zǐ gòng wèn wéi rén, zǐ yuē: gōng yù shàn qí shì, bì xiān lì qí qì. jū shì bāng yě, shì qí dà fū zhī xián zhě, yǒu qí shì zhī rén zhě.

（《卫灵公第十五》第 10 则）

字词解释

① 善：做好。

② 事：工作。

③ 利：磨锋利

④ 器：工具。

⑤ 事：敬奉。

⑥ 友：结交朋友。

句子翻译

子贡问怎样培养仁德，孔子说：“工匠要想做好工，必须先把器具打磨锋利。住在这个国家，就要侍奉大夫中的贤人，结交士中的仁人。”

34

子贡问曰：“有一言①而可以终身行之者乎？”子曰：“其‘恕’②乎！己所不欲，勿施于人。”

zǐ gòng wèn yuē: yǒu yì yán ér kě yǐ zhōng shēn xíng zhī zhě hū? zǐ yuē: qí shù hū! jǐ suǒ bú yù, wù shī yú rén.

（《卫灵公第十五》第 24 则）

字词解释

① 一言：一个字。言，字。

② 恕：推己及人，即“己所不欲，勿施于人”。

句子翻译

子贡问道：“有一个可以终身奉行的字吗？”孔子说：“大概是‘恕’吧！自己不想要的，不要施加给别人。”

第八篇　子路其人（一）

仲由，字子路，又字季路，鲁国卞人（今山东泗水县人）。“孔门十哲”之一，“二十四孝”之一，“孔门七十二贤”之一，受儒家祭祀。

35

子曰（zǐ yuē）：“道不行（dào bù xíng），乘桴（chéng fú）①浮于海（fú yú hǎi），从（cóng）②我者（wǒ zhě），其由与（qí yóu yú）！”子路闻之喜（zǐ lù wén zhī xǐ）。子曰（zǐ yuē）：“由也好勇过我（yóu yě hào yǒng guò wǒ），无所取材（wú suǒ qǔ cái）。”

（《公冶长第五》第7则）

字词解释

① 桴：用来过河的小筏子，这种筏子使用竹或木编制。

② 从：跟随、随从。

句子翻译

孔子说：“如果我的主张不能施行了，我就乘上木筏子泛游海外，能跟从我远游的恐怕只有子路一个人吧！”子路听后很高兴。孔子说：“仲由比我还勇敢呀，可惜其他方面没有什么可取之处了。”

36

zǐ jiàn nán zǐ　zǐ lù bú yuè　fū zǐ shǐ zhī yuē　yú suǒ
子见南子①，子路不说②，夫子矢③之曰："予所
fǒu zhě　tiān yàn zhī　tiān yàn zhī
否④者，天厌之！天厌之！"

（《雍也第六》第 28 则）

字词解释

① 南子：卫灵公的夫人，操行失礼，名声不好。

② 说：同"悦"，高兴，愉悦。

③ 矢：通"誓"，发誓。

④ 否：不对，此处指做了不正当的事。

句子翻译

孔子拜会了南子，子路很不高兴。孔子发誓说："如果我做了不正当的事情，就让上天谴责我吧！让上天谴责我吧！"

37

zǐ yuē　yì　bì　yùn páo　yǔ yì hú hé　zhě lì ér bù chǐ
子曰："衣①敝②缊袍③，与衣狐貉④者立而不耻
zhě　qí yóu yě yú　bú zhì bù qiú　hé yòng bù zāng　zǐ
者，其由也与！'不忮不求，何用不臧⑤？'"子
lù zhōng shēn sòng zhī　zǐ yuē　shì dào yě　hé zú yǐ zāng
路终身诵之，子曰："是道也，何足以臧？"

（《子罕第九》第 27 则）

字词解释

① 衣：穿，当动词用。

② 敝：破旧。

③ 缊袍：用乱麻衬在里面的袍子。

④ 狐貉：用狐和貉的皮做的裘皮衣服。

⑤ 不忮不求，何用不臧：见《诗经·邶（bèi）风·雄雉》，指不嫉妒，不贪求，什么行为能不好呢。忮：嫉妒。臧：善，美好。

句子翻译

孔子说：“穿着破旧的袍子，与穿着狐貉裘皮衣服的人站在一起，而不觉得羞耻的，大概只有仲由吧！《诗》上说：‘不嫉妒，不贪求，为什么不好呢？’”子路听了，从此常常念着这句话。孔子又说：“做到这样固然是道之所在，但仅做到这样，又怎么算得上是十足的好呢？”

成语积累

不忮不求：意思是不妒忌，不贪求。

38

zǐ yuē piàn yán kě yǐ zhé yù zhě qí yóu yě yú zǐ lù wú sù nuò

子曰：“片言①可以折狱②者，其由也与？”子路无宿诺③。

（《颜渊第十二》第 12 则）

字词解释

① 片言：单辞，一方面的言辞。

② 折狱：断案。折，断，判决。

③ 子路无宿诺：子路为人信笃，恐临事有变而失信于人，所以不事前预先许诺。

句子翻译

孔子说：“用只言片语就能判清案件的人，大概只有仲由吧！”子路不事前预先许诺。

成语积累

片言折狱：能用简单的几句话判决讼事。后指能用几句话就断定双方争论的是非。

39

子(zǐ)路(lù)问(wèn)曰(yuē)："何(hé)如(rú)斯(sī)可(kě)谓(wèi)之(zhī)士(shì)矣(yǐ)？"子(zǐ)曰(yuē)："切(qiè)切(qiè)偲(sī)偲(sī)①，怡(yí)怡(yí)②如(rú)也(yě)，可(kě)谓(wèi)士(shì)矣(yǐ)。朋(péng)友(yǒu)切(qiè)切(qiè)偲(sī)偲(sī)，兄(xiōng)弟(dì)怡(yí)怡(yí)。"

（《子路第十三》第 28 则）

字词解释

① 偲偲：勉励、诚恳的样子。

② 怡怡：和气、顺从的样子。

句子翻译

子路问孔子道："怎样做才可以称为士呢？"孔子说："互助督促勉励，相处和和气气，这样就可以称为士了。朋友之间互相督促勉励，兄弟之间相处和和气气。"

第九篇　子路其人（二）

40

颜渊、季路侍[1]。子曰："盍[2]各言尔志？"子路曰："愿车马、衣轻裘，与朋友共敝之而无憾。"颜渊曰："愿无伐[3]善，无施劳[4]。"子路曰："愿闻子之志。"子曰："老者安之，朋友信之，少者怀之[5]。"

（《公冶长第五》第 26 则）

字词解释

① 侍：陪侍，侍奉。

② 盍：何不。

③ 伐：夸耀。

④ 施劳：表白功劳。

⑤ 少者怀之：让少者得到关怀。

句子翻译

颜渊、子路侍奉在孔子身边。孔子说："你们何不各自说说自己的志向呢？"子路说："愿意把自己的车马、衣服，与朋友共同分享使用，即使用坏了，也没有什么可惜抱怨的。"颜渊说："我愿意不夸耀自己的长处，不表明自己的功劳。"子路对孔子说："希望能听听老师的志向。"孔子说："使年长者安心无忧，让朋友相互信任，年幼者能得到关怀。"

成语积累

肥马轻裘：穿着轻暖的皮袄，骑着肥壮的好马，形容生活阔绰。

41

zǐ wèi yán yuān yuē yòng zhī zé xíng shě zhī zé cáng wéi wǒ yǔ
子谓颜渊曰："用之则行，舍之则藏①，惟我与
ěr yǒu shì fú zǐ lù yuē zǐ xíng sān jūn zé shuí yǔ
尔有是夫②！"子路曰："子行三军③，则谁与④？"
zǐ yuē bào hǔ píng hé sǐ ér wú huǐ zhě wú bù yǔ yě
子曰："暴虎⑤冯河⑥，死而无悔者，吾不与也。
bì yě lín shì ér jù hào móu ér chéng zhě yě
必也临事而惧，好谋而成者也。"

（《述而第七》第 11 则）

字词解释

① 藏：隐藏，远离。

② 夫：语气词，相当于"吧"。

③ 三军：指大国的军队。古时，天子六军，大国三军，小国一军，每军约为一万二千五百人。三军即代表国家的全部军力。

④ 与：一起。

⑤ 暴虎：空拳赤手和老虎搏斗。

⑥ 冯河：徒步过河。

句子翻译

孔子对颜渊说："国家任用我，我就推行我的政治主张；国家不任用我，我就远避世事，只有我和你才能做到这样吧！"子路问孔子说："老师如果统帅三军，那么您与谁同行呢？"孔子说："赤手空拳和老虎搏斗，不用船只而徒步涉水过河，这样死了都不后悔的人，我是不会和他们一起的。我一定要找遇事小心谨慎，又善于谋划而能完成任务的人共事。"

成语积累

暴虎冯河：空手打虎，徒步过河。比喻做事有勇无谋，冒险行事。

42

zǐ lù wèn jūn zǐ　zǐ yuē　xiū jǐ yǐ jìng　yuē　rú sī
子路问君子，子曰："修己以敬。"曰："如斯
ér yǐ hū　yuē　xiū jǐ yǐ ān rén　yuē　rú sī ér
而已乎？"曰："修己以安人①。"曰："如斯而
yǐ hū　yuē　xiū jǐ yǐ ān bǎi xìng　xiū jǐ yǐ ān bǎi xìng
已乎？"曰："修己以安百姓②。修己以安百姓，
yáo　shùn qí yóu bìng　zhū
尧、舜其犹病③诸④！"

（《宪问第十四》第 42 则）

字词解释

① 安人：使别人安乐，此处指安抚上层。

② 安百姓：使百姓安乐。

③ 病：这里有"难"的意思。

④ 诸："之于"的合音。

句子翻译

子路问怎样做才是君子。孔子说："修养自己以做到恭敬认真。"子路说："像这样就可以了吗？"孔子说："修养自己并且使上层的人安乐。"子路又问："像这样就可以了吗？"孔子说："修养自己并且使百姓安乐。修养自己，使百姓都安乐，尧、舜大概都担心很难完全做到吧！"

43

zài chén　jué liáng　cóng zhě bìng　mò néng xīng　zǐ lù yùn　jiàn
在陈①绝粮，从者病②，莫能兴③。子路愠④见
yuē　jūn zǐ　yì yǒu qióng hū　zǐ yuē　jūn zǐ gù qióng　xiǎo
曰："君子⑤亦有穷乎？"子曰："君子固穷⑥，小
rén qióng sī　làn　yǐ
人穷斯⑦滥⑧矣。"

（《卫灵公第十五》第 2 则）

字词解释

① 陈：陈国，是虞舜后裔、周武王大女婿的封国。

② 病：此处指疲累、乏力。

③ 兴：起也。起来。

④ 愠：怨也，怒也。

⑤ 君子、小人：此处指有德与无德。

⑥ 固穷：即固于穷。“固”，安定、稳固，此处意指安分守礼；“穷”，此处指处境困窘、恶劣。

⑦ 斯：则、就。表示承接上文，得出结论。

⑧ 滥：此处指不安分守礼，胡作非为。

句子翻译

孔子一行在陈国断了粮食，随行者都饿得乏力，不能起身。子路生气地来见孔子说：“君子也会遭遇窘困吗？”孔子说：“君子虽遭窘困也能安分守礼，小人若遭窘困就会胡作非为。”

44

zǐ lù yuē jūn zǐ shàng yǒng hū zǐ yuē jūn zǐ yì
子路曰：“君子①尚②勇乎？”子曰：“君子义
yǐ wéi shàng jūn zǐ yǒu yǒng ér wú yì wéi luàn xiǎo rén yǒu yǒng ér wú
以为上。君子有勇而无义为乱，小人①有勇而无
yì wéi dào
义为盗③。”

（《阳货第十七》第23则）

字词解释

① 君子、小人：此处以地位而言。

② 尚：以之为上，即崇尚、推崇。

③ 盗：盗贼。

句子翻译

子路说：“君子崇尚勇吗？”孔子说：“君子崇尚的是义。君子只有勇却没有义就会作乱，小人只有勇却没有义就会做盗贼。”

第十篇 曾子其人

曾子，姒姓，曾氏，名参，字子舆，鲁国南武城（今山东省平邑县，一说山东省嘉祥县）人。孔子晚年弟子之一，儒家学派的重要代表人物，夏禹后代。其父曾点，字皙，“孔子七十二贤”之一，与子曾参同师孔子。

45

zǐ yuē shēn hū wú dào yī yǐ guàn zhī zēng zǐ yuē
子曰：“参乎！吾道一以贯①之。”曾子曰：
wéi zǐ chū mén rén wèn yuē hé wèi yě zēng zǐ yuē
“唯。”子出，门人问曰：“何谓也？”曾子曰：
fū zǐ zhī dào zhōng shù ér yǐ yǐ
“夫子之道，忠恕②而已矣。”

（《里仁第四》第 15 则）

字词解释

① 贯：贯穿，贯通。如以绳穿物。

② 忠恕：据朱熹注，尽己之心以待人叫作“忠”，推己及人叫作“恕”。

句子翻译

孔子说：“曾参呀！我的学说可以用一个根本的原则贯通起来。”曾参答道：“是的。”孔子走出去以后，其他学生问道：“这是什么意思？”曾参说：“夫子的理念只不过是忠和恕罢了。”

46

曾子曰："士不可以不弘毅①，任重而道远。仁以为己任，不亦重乎？死而后已，不亦远乎？"

zēng zǐ yuē shì bù kě yǐ bù hóng yì rèn zhòng ér dào yuǎn rén yǐ wéi jǐ rèn bú yì zhòng hū sǐ ér hòu yǐ bú yì yuǎn hū

（《泰伯第八》第 7 则）

字词解释

① 弘毅：弘大刚毅。

句子翻译

曾子说："士人不可以不弘大刚毅，因为他肩负的任务重大而路程遥远。把实现仁德作为自己的任务，难道不是重大吗？到死方才停止下来，难道不是遥远吗？"

成语积累

任重道远：指担子很重，路很远。比喻肩负的责任重大，并且需要经过长期艰苦的努力。

死而后已：意思是死了以后才罢手，形容为完成一种责任而奋斗终生。

47

曾子曰："慎终①追远②，民德③归厚④矣。"

zēng zǐ yuē shèn zhōng zhuī yuǎn mín dé guī hòu yǐ

（《学而第一》第 9 则）

字词解释

① 慎终：指对父母之丧要尽其哀。

② 追远：指祭祀祖先要致其敬。

③ 民德：指民心，民风。

④ 厚：朴实，淳厚。

句子翻译

曾子说："谨慎地对待父母的丧事，恭敬地祭祀远代祖先，就能使民心归向淳厚了。"

48

zēng zǐ yuē yǐ néng wèn yú bù néng yǐ duō wèn yú guǎ yǒu ruò wú shí ruò xū fàn ér bú jiào xī zhě wú yǒu cháng cóng shì yú sī yǐ

曾子曰："以能问于不能；以多问于寡；有若无，实若虚，犯而不校①。昔者吾友②尝从事于斯矣。"

（《泰伯第八》第 5 则）

字词解释

① 校：通"较"，计较。

② 吾友：有人说指颜渊。

句子翻译

曾子说："有才能却向没有才能的人请教；知识广博却向知识少的人请教；有学问却像没学问一样，满腹知识却像空虚无所有，即使被冒犯，也不去计较。从前我的一位朋友就是这样做的。"

成语积累

犯而不校：受到别人的冒犯或无礼也不计较。

49

zēng zǐ yuē jūn zǐ yǐ wén huì yǒu yǐ yǒu fǔ rén

曾子曰："君子以文①会友，以友辅仁。"

（《颜渊第十二》第 24 则）

字词解释

① 文：文章学问。

句子翻译

曾子说：“君子用文章学问来结交、聚合朋友，用朋友来帮助自己培养仁德。”

第十一篇　子夏其人

子夏，姓卜，名商，字子夏，孔子的高足，以文学著称。比孔子小四十四岁，生于公元前507年。孔子死后，他在魏国宣传孔子的思想主张。

50

zǐ xià yuē　bó xué ér dǔ zhì　qiè wèn ér jìn sī　rén zài qí
子夏曰："博学而笃志，切问而近思，仁在其
zhōng yǐ
中矣。"

（《子张第十九》第6则）

句子翻译

子夏说："广泛地学习并且笃守自己的志向，恳切地提问并且常常思考眼前的事，仁就在这中间了。"

51

zǐ xià yuē　jūn zǐ yǒu sān biàn　wàng zhī yǎn rán　jí　zhī yě
子夏曰："君子有三变：望之俨然①，即②之也
wēn　tīng qí yán yě lì
温，听其言也厉。"

（《子张第十九》第9则）

字词解释

① 俨然：庄严的样子。

② 即：接近。

句子翻译

子夏说："君子会使人感到有三种变化，远远望去庄严可畏，接近他时却温和可亲，听他说话则严厉不苟。"

52

子夏曰："贤贤①易②色；事父母，能竭其力；事君，能致其身③；与朋友交，言而有信。虽曰未学，吾必谓之学矣。"

zǐ xià yuē xián xián yì sè shì fù mǔ néng jié qí lì shì jūn néng zhì qí shēn yǔ péng yǒu jiāo yán ér yǒu xìn suī yuē wèi xué wú bì wèi zhī xué yǐ

（《学而第一》第 7 则）

字词解释

① 贤贤：第一个"贤"字作动词用，尊重的意思。贤贤即尊重贤者。

② 易：有两种解释，一是改变的意思，即改变脸色；二是轻视的意思，即尊重贤者而看轻色欲。

③ 致其身：致，意为"奉献""尽力"。这里是要尽忠的意思。

句子翻译

子夏说："一个人能够尊重贤者而看轻色欲；侍奉父母，能够竭尽全力；服侍君主，能够不怕献出自己的生命；同朋友交往，说话诚实、恪守信用。这样的人，即使他自己说没有学过什么，我也一定要说他已经学习过了。"

成语积累

贤贤易色：礼贤贤士而不重色欲。

53

zǐ xià yuē rì zhī qí suǒ wú yuè wú wàng qí suǒ néng kě wèi
子夏曰："日知其所亡，月无忘其所能，可谓
hào xué yě yǐ yǐ
好学也已矣。"

（《子张第十九》第 5 则）

句子翻译

子夏说："每天知道自己以前所不知的，每月不忘记以前所学会的，可以说是好学了。"

54

zǐ xià wèn yuē qiǎo xiào qiàn xī měi mù pàn xī sù yǐ wéi
子夏问曰："'巧笑倩①兮，美目盼②兮，素以为
xuàn xī hé wèi yě zǐ yuē huì shì hòu sù yuē lǐ
绚③兮'，何谓也？"子曰："绘事后素。"曰："礼
hòu hū zǐ yuē qǐ yú zhě shāng yě shǐ kě yǔ yán shī
后乎？"子曰："起④予者商也！始可与言⑤《诗》
yǐ yǐ
已矣。"

（《八佾第三》第 8 则）

字词解释

① 倩：笑貌，含笑的样子。泛指姿容美好。

② 盼：动目貌，"顾盼神飞"之盼。

③ 绚：本意指有文采，引申为灿烂、照耀。

④ 起：发，启发。

⑤ 言：说，讲，宣（宣彼此之意）。

句子翻译

子夏问孔子："'巧笑倩兮，美目盼兮，素以为绚兮'，这句诗说'素'是美，这是为什么？"孔子说："在好的粉地之上，才能画出一幅美的图画。"子夏说："这么

说礼是在有仁德之心后才产生的了。”孔子说：“子夏是可以启发我的人呀！可以与你探讨《诗》了。”

成语积累

绘事后素：指先有白色底子才可彩绘。比喻行事开始简单，然后逐步深入，也指有良好的质地，才能锦上添花。

55

zǐ xià yuē shì ér yōu zé xué, xué ér yōu zé shì

子夏曰：“仕而优则学，学而优则仕。”

（《子张十九》第13则）

句子翻译

子夏说：“做了官，有余力就去学习；学习了，有余力就去做官”。

56

zǐ wèi zǐ xià yuē rǔ wéi jūn zǐ rú, wú wéi xiǎo rén rú

子谓子夏曰：“女为君子儒，无为小人儒。”

（《雍也第六》第13则）

句子翻译

孔子对子夏说：“你要做个君子式的儒者，不要做小人式的儒者。”

第十二篇 子游其人

言偃，字子游，又称叔氏。常熟人。“孔门七十二贤”中唯一的南方弟子，擅长文学，曾任鲁国武城县令，阐扬孔子学说，使用礼乐教化士民，境内到处有弦歌之声，为孔子所称赞“吾门有偃，吾道其南”，人称“南方夫子”。

57 子（zǐ）游（yóu）曰（yuē）：“事（shì）君（jūn）数（shuò）①，斯（sī）辱（rǔ）矣（yǐ）；朋（péng）友（yǒu）数（shuò），斯（sī）疏（shū）②矣（yǐ）。”

（《里仁第四》第 26 则）

字词解释

① 数：屡次，多次，引申为繁琐、逼促。

② 疏：生疏，疏远。

句子翻译

子游说：“进谏君主过于频繁，就会遭受侮辱；劝告朋友过于频繁，反而会被疏远。”

58

zǐ yóu wéi wǔ chéng zǎi zǐ yuē rǔ dé rén yān ěr hū
子游为武城①宰，子曰："女得人焉尔乎？"
yuē yǒu tán tái miè míng zhě xíng bù yóu jìng fēi gōng shì wèi cháng
曰："有澹台灭明②者，行不由径，非公事，未尝
zhì yú yǎn zhī shì yě
至于偃之室也。"

（《雍也第六》第 14 则）

字词解释

① 武城：鲁国的城邑，在今山东省费县西南。

② 澹台灭明：人名，姓澹台，名灭明，字子羽。后来也是孔子的学生。

句子翻译

子游担任武城地方的长官，孔子说："你在那里得到什么优秀人才了吗？"子游回答说："有个名叫澹台灭明的人，做事不搞歪门邪道。不是公事，他从不私下到我家里来。"

成语积累

行不由径：意思是从来不走邪路，比喻行动正大光明。

59

zǐ yóu yuē zǐ xià zhī mén rén xiǎo zi dāng sǎ sǎo yìng duì jìn tuì
子游曰："子夏之门人小子，当洒扫应对进退
zé kě yǐ yì mò yě běn zhī zé wú rú zhī hé
则可矣。抑①末也，本之则无，如之何？"
zǐ xià wén zhī yuē yī yán yóu guò yǐ jūn zǐ zhī dào shú
子夏闻之，曰："噫！言游过矣！君子之道，孰
xiān chuán yān shú hòu juàn yān pì zhū cǎo mù qū yǐ bié yǐ jūn
先传焉？孰后倦②焉？譬诸草木③，区以别矣。君
zǐ zhī dào yān kě wū yě yǒu shǐ yǒu zú zhě qí wéi shèng rén hū
子之道焉可诬④也？有始有卒者，其惟圣人乎！"

（《子张第十九》第 12 则）

字词解释

① 抑：连词，表示转折。这里是“可是”的意思。

② 倦：“诲人不倦”的倦。这里指教诲。

③ 譬诸草木：譬之于草木。草木有大小，比喻学问有深浅，应当分门别类，循序渐进。

④ 诬：歪曲。

句子翻译

子游说：“子夏的学生们，做洒水扫地、接待客人、趋进走退一类的事，是可以的，不过这些只是细枝末节的事。根本的学问却没有学到，这怎么行呢？”

子夏听到这话，说：“唉！子游说错了！君子的学问，哪些先传授，哪些后传授，就好比草木一样，是区分为各种类别的。君子的学问，怎么能歪曲呢？有始有终地循序渐进，大概只有圣人吧！”

60

zǐ yóu yuē sāng zhì hū āi ér zhǐ
子游曰：“丧①致乎哀而止②。”

（《子张第十九》第14则）

字词解释

① 丧：居丧。

② 止：足，可以。

句子翻译

子游说：“居丧充分表达哀思就可以了。”

第十三篇　子张其人

颛孙师，姓颛孙，名师，字子张。春秋战国时期陈国人，“孔门十二哲”之一，受儒教祭祀。颛孙师为人勇武，清流不媚俗而被孔子评为“性情偏激”，但广交朋友，重视自己的德行修养。

61

子张学干禄。子曰：“多闻阙疑①，慎言其余，则寡尤②；多见阙殆③，慎行其余，则寡悔。言寡尤，行寡悔，禄在其中矣。”

zǐ zhāng xué gān lù. zǐ yuē: duō wén quē yí, shèn yán qí yú, zé guǎ yóu; duō jiàn quē dài, shèn xíng qí yú, zé guǎ huǐ. yán guǎ yóu, xíng guǎ huǐ, lù zài qí zhōng yǐ.

（《为政第二》第 18 则）

字词解释

① 阙疑：把疑难问题留着，不下判断。阙，通“缺”。

② 尤：过失。

③ 阙殆：与“阙疑”对称，同义，故均译为“怀疑”。

句子翻译

子张请教求得官职俸禄的方法。孔子说：“多听，把不明白的事情放到一边，谨慎地说出那些真正懂得的，就能少犯错误；多观察，不明白的就保留心中，谨慎地实行那些真正懂得的，就能减少事后懊悔。言语少犯错误，行动很少后悔，自然就有官职俸禄了。”

成语积累

多闻阙疑：意思是虽然见多识广，有不懂之处，还应存有疑问，指谦虚谨慎的治学态度。

62

zǐ xià zhī mén rén wèn jiāo yú zǐ zhāng zǐ zhāng yuē zǐ xià yún
子夏之门人问交于子张，子张曰："子夏云
hé duì yuē zǐ xià yuē kě zhě yǔ zhī qí bù kě zhě jù
何？"对曰："子夏曰：'可者与①之，其不可者拒
zhī zǐ zhāng yuē yì hū wú suǒ wén jūn zǐ zūn xián ér róng zhòng
之。'"子张曰："异乎吾所闻。君子尊贤而容众，
jiā shàn ér jīn bù néng wǒ zhī dà xián yú yú rén hé suǒ bù róng wǒ
嘉善而矜不能。我之大贤与，于人何所不容？我
zhī bù xián yú rén jiāng jù wǒ rú zhī hé qí jù rén yě
之不贤与，人将拒我，如之何其拒人也？"

（《子张第十九》第 3 则）

字词解释

① 与："可者与之"的"与"（yǔ）是相与交往的意思，后两个"与"（yú）字是语气词。

句子翻译

子夏的门人向子张请教怎样交朋友。子张说："子夏说了什么呢？"子夏的学生回答说："子夏说：'可以交往的就和他交往，不可以交往的就拒绝他。'"子张说："这和我所听到的不一样！君子尊敬贤人，也能够容纳众人，称赞好人，怜悯无能的人。如果我是个很贤明的人，对别人有什么不能容纳的呢？如果我不贤明，别人将会拒绝我，我怎么能去拒绝别人呢？"

63

zǐ zhāng wèn shì hé rú sī kě wèi zhī dá yǐ zǐ yuē hé
子张问："士何如斯可谓之达矣？"子曰："何
zāi ěr suǒ wèi dá zhě zǐ zhāng duì yuē zài bāng bì wén zài jiā
哉尔所谓达者？"子张对曰："在邦必闻，在家

bì wén zǐ yuē shì wén yě fēi dá yě fú dá yě zhě
必闻。”子曰：“是闻也，非达①也。夫达也者，
zhì zhí ér hào yì chá yán ér guān sè lǜ yǐ xià rén zài bāng bì
质直而好义，察言而观色，虑以下人②。在邦必
dá zài jiā bì dá fú wén yě zhě sè qǔ rén ér xíng wéi jū zhī
达，在家必达。夫闻也者，色取仁而行违，居之
bù yí zài bāng bì wén zài jiā bì wén
不疑。在邦必闻，在家必闻。”

（《颜渊第十二》第 20 则）

字词解释

① 达：通达。

② 下人：下于人，即对人谦逊。

句子翻译

子张问：“士要怎么样才可说是通达了？”孔子说：“你所说的通达是什么呢？”子张回答说：“在诸侯的国家一定有名声，在大夫的封地一定有名声。”孔子说：“这是有名声，不是通达。通达的人，本质正直而喜爱道义，体会别人的话语，观察别人的脸色，时常想到对别人谦让。这样的人在诸侯的国家一定通达，在大夫的封地也一定通达。有名声的人，表面上要实行仁德而行动上却相反，以仁人自居而毫不迟疑。他们在诸侯的国家一定虚有其名，在大夫的封地也一定虚有其名。”

成语积累

察言观色：意为揣度对方的话语，观察对方的脸色，以摸清其真实的意图。

64

zǐ zhāng wèn shàn rén zhī dào zǐ yuē bù jiàn jì yì bú rù
子张问善人之道，子曰：“不践迹①，亦不入
yú shì
于室②。”

（《先进第十一》第 20 则）

字词解释

① 践迹：踩着前人的行迹走，即沿着老路走。

② 入于室：比喻学问和修养达到了精深地步。

句子翻译

子张问成为善人的途径，孔子说：“不踩着前人的脚印，做学问也到不了家。”

65

zǐ zhāng yuē　shì jiàn wēi zhì mìng　jiàn dé sī yì　jì sī jìng
子张曰：“士见危致①命，见得思义，祭思敬，
sāng sī āi　qí kě yǐ yǐ
丧思哀，其可已矣。”

（《子张第十九》第 1 则）

字词解释

① 致：献纳，奉献。

句子翻译

子张说：“士人看见危险肯献出生命，看见有所得就想想是否合于义，祭祀时想到恭敬，服丧时想到悲痛，这也就可以了。”

66

zǐ yóu yuē　wú yǒu zhāng yě　wéi nán néng yě　rán ér wèi rén
子游曰：“吾友张也，为难能也，然而未仁。”

（《子张第十九》第 15 则）

句子翻译

子游说：“我的朋友子张，是难能可贵的了，然而还没有达到仁的境界。”

67

zǐ zhāng yuē　zhí dé bù hóng　xìn dào bù dǔ　yān néng wéi yǒu
子张曰："执德不弘，信道不笃，焉能为有？
yān néng wéi wú
焉能为亡？"

（《子张第十九》第2则）

句子翻译

子张说："守德却不坚强，信奉道却不笃定，这样的人可有可无。"

第十四篇　伯牛与子骞

冉耕，姬姓，冉氏，名耕，字伯牛，春秋鲁国人，周文王第十子冉季载的嫡裔。孔子弟子，成为孔门四科“德行”代表人物之一，名列“孔门十哲”。

闵子，名损，字子骞，春秋鲁国人，孔子弟子，“孔门七十二贤”之一，“孔门十哲”之一，以孝闻名。

68

bó niú yǒu jí zǐ wèn zhī zì yǒu zhí qí shǒu yuē wáng
伯牛有疾，子问之，自牖①执其手，曰：“亡
zhī mìng yǐ fú sī rén yě ér yǒu sī jí yě sī rén yě ér yǒu sī
之，命矣夫！斯人也而有斯疾也！斯人也而有斯
jí yě
疾也！”

（《雍也第六》第 10 则）

字词解释

① 牖：窗户。

句子翻译

伯牛病了，孔子去探望他，从窗户里握着他的手，说道：“没有办法，这真是命呀！这样的人竟得这样的病呀！这样的人竟得这样的病呀！”

69

鲁人①为长府②，闵子骞曰："仍③旧贯④，如之何？何必改作？"子曰："夫人⑤不言，言必有中。"

（《先进第十一》第 14 则）

字词解释

① 鲁人：指鲁国的执政大臣。

② 长府：鲁国贮藏财货的国库名。

③ 仍：沿袭。

④ 贯：事。

⑤ 夫人：那人，指闵子骞。

句子翻译

鲁国的执政大臣要翻修长府，闵子骞说："照老样子不好吗？何必一定要翻修呢？"孔子说："闵子骞这个人平常不大说话，但一开口必定说到要害上。"

成语积累

言必有中：指一说话就能说到点子上，常用于赞美人说话中肯。

70

季氏使闵子骞为费①宰，闵子骞曰："善为我辞焉。如有复我者，则吾必在汶②上矣。"

（《雍也第六》第 9 则）

字词解释

① 费：通“鄪”，春秋时期鲁国地名，在今山东省费县西南。

② 汶：汶水，即今山东大汶河。汶上，暗指齐国。

句子翻译

季氏派人通知闵子骞，让他当费城的长官。闵子骞告诉来人说：“好好地为我推辞掉吧！如果再有人为这事来找我，那我一定逃到汶水那边去了。”

71

zǐ yuē xiào zāi mǐn zǐ qiān rén bú jiàn yú qí fù mǔ kūn dì zhī yán

子曰：“孝哉闵子骞！人不间①于其父母昆弟之言。”

（《先进第十一》第 5 则）

字词解释

① 间：空隙。用作动词，表示非难、批评、挑剔。

句子翻译

孔子说：“闵子骞真是孝顺呀！人们对于他的父母兄弟称赞他的话没有异议。”

第十五篇 冉求与有若

冉求，字子有，通称“冉有”，尊称“冉子”，鲁国人。周文王第十子冉季载的嫡裔。“孔门七十二贤”之一，以政事见称。多才多艺，尤擅长理财，曾担任季氏宰臣。

有若，有氏，名若，字子有，世称“有子”，孔子弟子，“孔门七十二贤”之一，被尊为儒学圣贤。

72

rǎn qiú yuē fēi bú yuè zǐ zhī dào lì bù zú yě zǐ yuē
冉求曰：“非不说[①]子之道，力不足也。”子曰：
lì bù zú zhě zhōng dào ér fèi jīn rǔ huà
“力不足者，中道而废。今女画[②]。”

（《雍也第六》第 12 则）

字词解释

① 说：同“悦”。

② 画：划定界限，停止前进。

句子翻译

冉求说：“我不是不喜欢老师的学说，是我力量不够。”孔子说：“如果真的力量不够，你会半途而废。如今你却画地为牢，不肯前进。”

成语积累

中道而废：意思是事情尚未完成，就停止不做了。

73

yǒu zǐ yuē qí wéi rén yě xiào tì ér hào fàn shàng zhě
有子曰：“其为人也孝弟①，而好犯上者，
xiǎn yǐ bú hào fàn shàng ér hào zuò luàn zhě wèi zhī yǒu yě jūn
鲜②矣；不好犯上，而好作乱者，未之有也③。君
zǐ wù běn běn lì ér dào shēng xiào tì yě zhě qí wéi rén zhī běn
子务本，本立而道生。孝弟也者，其为仁之本
yú
与！④”

（《学而第一》第 2 则）

字词解释

① 弟：通“悌”，敬爱兄长。

② 鲜：少。

③ 未之有也：“未有之也”的倒装句，意思是没有这种人。

④ 与：即“欤”字，表示疑问的助词。《论语》中的“欤”字皆作“与”。

句子翻译

有子说：“那种孝顺父母、敬爱兄长的人，却喜欢触犯上级，是很少见的；不喜欢触犯上级却喜欢造反的人，更是从来没有的。有德行的人总是力求抓住这个根本。根本建立了便产生了仁道。孝敬父母、敬爱兄长，大概便是仁道的根本吧！”

成语积累

犯上作乱：意思是封建统治者指的人民的反抗、起义。

74

有子曰：“礼之用，和为贵。先王之道①，斯为美，小大由之。有所不行，知和而和，不以礼节之，亦不可行也。”

yǒu zǐ yuē lǐ zhī yòng hé wéi guì xiān wáng zhī dào sī wéi měi xiǎo dà yóu zhī yǒu suǒ bù xíng zhī hé ér hé bù yǐ lǐ jié zhī yì bù kě xíng yě

（《学而第一》第 12 则）

字词解释

① 先王之道：指的是古代圣王治国之道。

句子翻译

有子说：“礼的功用，以遇事做得恰当和顺为可贵。以前的圣明君主治理国家，最可贵的地方就在这里。他们做事，无论事大事小，都按这个原则去做。如遇到行不通的，仍一味地追求和顺，却并不用礼法去节制它，也是行不通的。”

75

有子曰：“信近于义，言可复①也。恭近于礼，远②耻辱也。因③不失其亲，亦可宗④也。”

yǒu zǐ yuē xìn jìn yú yì yán kě fù yě gōng jìn yú lǐ yuàn chǐ rǔ yě yīn bù shī qí qīn yì kě zōng yě

（《学而第一》第 13 则）

字词解释

① 复：实践，履行。

② 远：使远离，用作动词，可以译为避免。

③ 因：依靠之意。

④ 宗：主。可宗，可靠。

句子翻译

有子说：“约言符合道德规范，这种约言才可兑现。态度谦恭符合礼节规矩，才不会遭受羞辱。所依靠的都是关系亲密的人，也就可靠了。”

第十六篇　仁

76

zǐ yuē　wéi rén zhě néng hào rén　néng wù rén

子曰："唯仁者能好①人，能恶②人。"

（《里仁第四》第 3 则）

字词解释

① 好：喜爱。

② 恶：厌恶。

句子翻译

孔子说："只有讲仁爱的人，才能够正确地喜爱某人，厌恶某人。"

77

zǐ yuē　gǒu zhì yú rén yǐ　wú è yě

子曰："苟志于仁矣，无恶也。"

（《里仁第四》第 4 则）

句子翻译

孔子说："如果立志追求仁德，就不会去做坏事。"

78

zǐ yuē fù yǔ guì shì rén zhī suǒ yù yě bù yǐ qí dào dé
子曰："富与贵，是人之所欲也。不以其道得
zhī bú chǔ yě pín yǔ jiàn shì rén zhī suǒ wù yě bù yǐ qí dào
之，不处也。贫与贱，是人之所恶也。不以其道
dé zhī bú qù yě jūn zǐ qù rén wū hū chéng míng jūn zǐ wú
得之，不去也。君子去仁，恶①乎成名？君子无
zhōng shí zhī jiān wéi rén zào cì bì yú shì diān pèi bì yú shì
终食之间违仁，造次②必于是，颠沛③必于是。"

（《里仁第四》第 5 则）

字词解释

① 恶乎：怎样。

② 造次：急促、仓促。

③ 颠沛：用以形容人事困顿，社会动乱。

句子翻译

孔子说："金钱和地位，是每个人都向往的，但是，以不正当的手段得到它们，君子是不会去享受的。贫困和卑贱，是人们所厌恶的，但是，不通过正当的途径摆脱它们，君子是不会摆脱的。君子背离了仁的准则，怎么能够成名呢？君子不会有吃一顿饭的时间离开仁德，即使在匆忙紧迫的情况下也一定要遵守仁的准则，在颠沛流离的时候也和仁同在。"

成语积累

造次颠沛：意思是流离失所、生活困顿。

79

zǐ yuē zhì shì rén rén wú qiú shēng yǐ hài rén yǒu shā shēn yǐ
子曰："志士仁人，无求生以害仁，有杀身以
chéng rén
成仁。"

（《卫灵公第十五》第 9 则）

句子翻译

孔子说："志士仁人，不会为了求生损害仁，却能牺牲生命去成就仁。"

成语积累

志士仁人：原指仁爱而有节操，能为正义牺牲生命的人。现在泛指爱国而为革命事业出力的人。

80 子曰（zǐ yuē）："知（zhì）①者（zhě）乐（yào）②水（shuǐ），仁（rén）者（zhě）乐（yào）山（shān）。知（zhì）者（zhě）动（dòng），仁（rén）者（zhě）静（jìng）。知（zhì）者（zhě）乐（lè），仁（rén）者（zhě）寿（shòu）。"

（《雍也第六》第 23 则）

字词解释

① 知：同"智"，智慧。

② 乐：喜爱。

句子翻译

孔子说："聪明的人喜爱水，仁德的人喜爱山。聪明的人爱好活动，仁德的人爱好沉静。聪明的人活得快乐，仁德的人长寿。"

81 子曰（zǐ yuē）："刚（gāng）、毅（yì）、木（mù）、讷（nè）近（jìn）①仁（rén）。"

（《子路第十三》第 27 则）

字词解释

① 近：接近。

句子翻译

孔子说：“刚强、果敢、朴实、谨慎，具备这四种品德的人近于仁人。”

82

zǐ yuē dāng rén bú ràng yú shī
子曰：“当仁不让于师。”

（《卫灵公第十五》第 36 则）

句子翻译

孔子说：“遇到可以实践仁道的机会，对老师也不必谦让。”

成语积累

当仁不让：遇到应该做的事情，积极主动地担当起来，毫不推辞。

83

zǐ zhāng wèn rén yú kǒng zǐ kǒng zǐ yuē néng háng wǔ zhě yú tiān xià
子张问仁于孔子，孔子曰：“能行五者于天下

wéi rén yǐ qǐng wèn zhī yuē gōng kuān xìn mǐn huì
为仁矣。”请问之，曰：“恭、宽、信、敏、惠。

gōng zé bù wǔ kuān zé dé zhòng xìn zé rén rèn yān mǐn zé yǒu gōng
恭则不侮，宽则得众，信则人任焉，敏则有功，

huì zé zú yǐ shǐ rén
惠则足以使人。”

（《阳货第十七》第 6 则）

句子翻译

子张向孔子问仁。孔子说：“能够在天下实行五种美德，就是仁了。”子张问：“请问是哪五种？”孔子说：“恭敬，宽厚，诚信，勤敏，慈惠。恭敬就不会招致侮辱，宽厚就会得到众人的拥护，诚信就会得到别人的任用，勤敏则会取得功绩，慈惠就能够差遣人。”

第十七篇 义

84

zǐ yuē jūn zǐ yì yǐ wéi zhì lǐ yǐ xíng zhī xùn yǐ chū zhī
子曰：“君子义以为质，礼以行之，孙以出之，
xìn yǐ chéng zhī jūn zǐ zāi
信以成之。君子哉！”

（《卫灵公第十五》第 18 则）

句子翻译

孔子说：“君子把义作为本，依照礼来实行，用谦逊的言语来表述，用诚信的态度来完成它。这样做才是君子啊！”

85

zǐ yuē jūn zǐ yù yú yì xiǎo rén yù yú lì
子曰：“君子喻①于义，小人喻于利。”

（《里仁第四》第 16 则）

字词解释

① 喻：通晓，明白。

句子翻译

孔子说：“君子懂得大义，小人只懂得小利。”

86

孔子曰："君子有九思：视思明，听思聪，色①思温，貌思恭，言思忠，事思敬，疑思问，忿思难，见得思义。"

（《季氏第十六》第 10 则）

字词解释

① 色：脸色。

句子翻译

孔子说："君子有九项要加以思考：看的时候要思考是否已经看清楚了、看全面了；听的时候要思考是否听清楚了、听懂了；与人相处时要思考自己的脸色是否温和友善；为人处世要思考态度是否谦虚恭敬；说话时要思考是否忠于事实真相；做事时要思考是否敬业认真；遇到疑问要思考如何向别人请教；忿怒时要思考是否有后患；获取财利时要思考是否合乎义的准则。"

87

子张问崇德①辨惑②，子曰："主忠信③，徙义④，崇德也。爱之欲其生，恶之欲其死。既欲其生又欲其死，是惑也。'诚不以富，亦祇以异'⑤。"

（《颜渊第十二》第 10 则）

字词解释

① 崇德：提高道德修养的水平。

② 惑：迷惑，不分是非。

③ 主忠信：以忠厚诚实为主。

④ 徙义：向义靠拢。徙，迁移。

⑤ 诚不以富，亦祇以异：见《诗·小雅·我行其野》。这两句诗引在这里，颇觉费解，有人认为是错简。今按朱熹《四书集注》中解释译出。

句子翻译

子张向孔子请教怎样去提高品德修养和辨别是非。孔子说：“以忠厚诚实为主，行为总是遵循道义，这就可以提高品德。对于同一个人，爱的时候希望他长期活下去；厌恶的时候，又希望他死去。既要他长寿，又要他短命，这就是迷惑。‘这样对自己实在是没有益处，也只能使人感到奇怪罢了’。”

88

zǐ yuē fēi qí guǐ ér jì zhī chǎn yě jiàn yì bù wéi
子曰：“非其鬼①而祭之，谄②也；见义③不为，
wú yǒng yě
无勇也。”

（《为政第二》第 24 则）

字词解释

① 鬼：有两种解释，一是指鬼神，二是指死去的祖先。这里泛指鬼神。

② 谄：谄媚、阿谀。

③ 义：人应该做的事就是义。

句子翻译

孔子说：“不是你应该祭的鬼神，你却去祭它，这就是谄媚；见到应该挺身而出的事情，却袖手旁观，这就是怯懦。”

成语积累

见义不为：意思是见到应该挺身而出的事情，却袖手旁观。

第十八篇 礼

89

子曰："君子博学于文，约之以礼，亦可以弗畔①矣夫②！"

（《雍也第六》第 27 则）

字词解释

① 畔：通"叛"。

② 矣夫：语气词，表示较强烈的感叹。

句子翻译

孔子说："君子广泛学习文化知识，再用礼加以约束，这样就不会离经叛道了。"

成语积累

博学于文：广泛地学习文献。

90

颜渊问仁，子曰："克己复礼①为仁。一日克己复礼，天下归仁焉。为仁由己，而由人乎哉？"颜渊曰："请问其目？"子曰："非礼勿视，非礼勿听，非礼勿言，非礼勿动。"颜渊曰："回虽不敏，请事斯语矣。"

（《颜渊十二》第 1 则）

字词解释

① 克己复礼：克制自己，使自己的行为归到礼的方面去，即合于礼。复礼，归于礼。

句子翻译

颜渊问什么是仁。孔子说："抑制自己，使言语和行动都走到礼上来，就是仁。一旦做到了这些，天下的人都会称许你有仁德。实行仁德要靠自己，难道是靠别人吗？"颜渊说："请问实行仁德的具体途径是什么？"孔子说："不合礼的事不看，不合礼的事不听，不合礼的事不言，不合礼的事不做。"颜渊说："我虽然不聪敏，但是请让我照这些话去做。"

成语积累

克己复礼：指克制自己的私欲，使言行举止合乎礼节。

91

kǒng zǐ wèi jì shì bā yì wǔ yú tíng shì kě rěn yě
孔子谓季氏①："八佾②舞于庭，是可忍③也，
shú bù kě rěn yě
孰不可忍也！"

（《八佾第三》第 1 则）

字词解释

① 季氏：鲁国正卿季孙氏。

② 八佾：行列的意思。古时一佾八人，八佾就是六十四人，据《周礼》规定，只有周天子才可以使用八佾，诸侯为六佾，卿大夫为四佾，士用二佾。季氏是正卿，只能用四佾。

③ 可忍：可以忍心。一说可以容忍。

句子翻译

孔子谈到季氏，说：“他用六十四人在自己的庭院中奏乐舞蹈，这样的事如果都能容忍去做，还有什么事情不能呢？”

成语积累

是可忍，孰不可忍：如果这个都可以容忍，还有什么不可容忍的呢？意思是绝不能容忍。

92

lín fàng wèn lǐ zhī běn, zǐ yuē: dà zāi wèn! lǐ, yǔ qí shē

林放①问礼之本，子曰：“大哉问！礼，与其奢

yě, nìng jiǎn; sāng, yǔ qí yì yě, nìng qī

也，宁俭；丧，与其易②也，宁戚③。”

（《八佾第三》第 4 则）

字词解释

① 林放：鲁国人。

② 易：治理。这里指有关丧葬的礼节仪式办理得很周备。一说谦和、平易。

③ 戚：心中悲哀的意思。

句子翻译

林放问什么是礼的根本。孔子回答说：“你问的问题意义重大啊！就礼节仪式的一般情况而言，与其奢侈，不如节俭；就丧事而言，与其仪式上治办周备，不如内心真正哀伤。”

第十九篇　智

93

zǐ yuē　yóu　huì　rǔ zhī zhī hū　zhī zhī wéi zhī zhī　bù zhī
子曰："由，诲①汝知之乎！知之为知之，不知

wéi bù zhī　shì zhì　yě
为不知，是知②也。"

（《为政第二》第 17 则）

字词解释

① 诲：教诲。

② 知：同"智"，明智，智慧。

句子翻译

孔子说："仲由，我教给你的，你都懂了吗？知道就是知道，不知道就是不知道，这才是真正的智慧！"

94

zǐ yuē　zhì　zhě bú huò　rén zhě bù yōu　yǒng zhě bú jù
子曰："知①者不惑②，仁者不忧，勇者不惧。"

（《子罕第九》第 29 则）

字词解释

① 知：同"智"。

② 不惑：遇事能明辨不疑。

句子翻译

孔子说：“有智慧的人不会迷惑，有仁德的人不忧愁，勇敢的人不恐惧。”

95

zǐ zhāng wèn míng zǐ yuē jìn rùn zhī zèn fū shòu zhī sù
子张问明，子曰：“浸润之谮①，肤受之愬②，
bù xíng yān kě wèi míng yě yǐ yǐ jìn rùn zhī zèn fū shòu zhī sù
不行焉，可谓明也已矣；浸润之谮，肤受之愬，
bù xíng yān kě wèi yuǎn yě yǐ yǐ
不行焉，可谓远也已矣。”

（《颜渊第十二》第 6 则）

字词解释

① 浸润之谮：像水浸润物件一样逐渐传播的谗言。谮，诬陷。

② 肤受之愬：像皮肤感受到疼痛一样的诬告，即诽谤。愬，同“诉”。

句子翻译

子张问什么是明智。孔子说：“暗中传播的谗言，切身感受的诽谤，在你这儿都行不通，就可以称得上明智了。暗中传播的谗言，切身感受的诽谤，在你这里都行不通，就可以说是有远见了。”

成语积累

浸润之谮：像水浸润物件一样逐渐传播的谗言。

96

zǐ gòng yuē jūn zǐ yì yǒu wù hū zǐ yuē yǒu wù
子贡曰：“君子亦有恶①乎？”子曰：“有恶。
wù chēng rén zhī è zhě wù jū xià liú ér shàn shàng zhě wù yǒng
恶称人之恶者，恶居下流②而讪③上者，恶勇
ér wú lǐ zhě wù guǒ gǎn ér zhì zhě yuē cì yě yì yǒu wù
而无礼者，恶果敢而窒④者。”曰：“赐也亦有恶

hū　　　wù jiǎo　yǐ wéi zhì　zhě　　wù bú xùn　yǐ wéi yǒng zhě　　wù
乎？”“恶徼⑤以为知⑥者，恶不孙⑦以为勇者，恶
jié　yǐ wéi zhí zhě
讦⑧以为直者。”

（《阳货第十七》第 24 则）

字词解释

① 恶：厌恶。

② 下流：下等的，较低层次的。

③ 讪：诽谤。

④ 窒：阻塞，不通事理。

⑤ 徼：窃取，抄袭。

⑥ 知：通“智”，聪明。

⑦ 孙：通“逊”，谦逊。

⑧ 讦：攻击、揭发别人。

句子翻译

子贡说：“君子也有厌恶的事吗？”孔子说：“有，厌恶讲别人坏话的人，厌恶身居下位而诽谤在上位的人，厌恶那些争勇好斗而不守礼节的人，厌恶那些固执而不通事理的人。”孔子又说：“赐啊，你也有厌恶的事吗？”子贡说：“厌恶那些窃取别人的成绩而自以为聪明的人，厌恶那些不谦虚而自认为勇敢正直的人，厌恶那些揭发别人隐私而自以为直率的人。”

成语积累

称人之恶：是指专讲别人坏话的人。

97

zǐ yuē bú huàn rén zhī bù jǐ zhī huàn qí bù néng yě

子曰："不患人之不己知，患其不能也。"

（《宪问第十四》第30则）

句子翻译

孔子说："不担心别人不知道自己，只担心自己没有能力。"

第二十篇　信

98

子曰："人而①无信②，不知其可也。大车③无輗④，小车⑤无軏⑥，其何以行之哉？"

（《为政第二》第22则）

字词解释

① 而：如果。

② 信：信誉。

③ 大车：指牛车。

④ 輗：牛车辕和车辕前横木相接的关键部位。

⑤ 小车：指马车。

⑥ 軏：马车辕前横木两端的木销。

句子翻译

孔子说："一个人如果不讲信誉，真不知他怎么办。就像大车的横木两头没有活键，小车的横木两头少了关扣一样，怎么能行驶呢？"

99

子贡问曰："何如①斯可谓之士矣？"子曰："行己②有耻，使于四方不辱君命，可谓士矣。"曰："敢问其次。"曰："宗族称孝焉，乡党称弟焉。"曰："敢问其次。"曰："言必信，行必果，

kēng kēng rán xiǎo rén zāi yì yì kě yǐ wéi cì yǐ yuē jīn zhī
硁硁③然小人④哉，抑亦可以为次矣。”曰：“今之
cóng zhèng zhě hé rú zǐ yuē yī dǒu shāo zhī rén hé zú
从政者何如？”子曰：“噫！斗筲之人⑤，何足
suàn yě
算也！”

（《子路第十三》第20则）

字词解释

① 何如：如何，怎样。

② 行己：行为，做事。

③ 硁硁：象声词，敲击石头的声音。这里引申为像石块那样坚硬。

④ 小人：无才无德的普通人。

⑤ 斗筲之人：比喻器量狭小的人。

句子翻译

子贡问道：“怎么样才可称得上士呢？”孔子说：“能用羞耻之心约束自己的行为，出使他国不辜负君主的委托，这就可以称作士了。”子贡说：“敢问次一等呢？”孔子说：“宗族的人称赞他孝顺，乡里的人称赞他敬重长辈。”子贡说：“敢问再次一等呢？”孔子说：“说话一定要诚信，做事一定要坚定果断，这虽是耿直固执的普通人，但也可以算是再次一等的‘士’了。”子贡说：“现在那些执政的人怎么样？”孔子说：“哎呀！一班器量狭小的家伙，算得了什么呢？”

100

zǐ zhāng wèn xíng zǐ yuē yán zhōng xìn xíng dǔ jìng suī mán
子张问行①，子曰：“言忠信，行笃②敬，虽蛮
mò zhī bāng xíng yǐ yán bù zhōng xìn xíng bù dǔ jìng suī zhōu lǐ
貊③之邦行矣；言不忠信，行不笃敬，虽州里④
xíng hū zāi lì zé jiàn qí cān yú qián yě zài yú zé jiàn qí yǐ yú
行乎哉？立则见其参⑤于前也，在舆则见其倚于
héng yě fú rán hòu xíng zǐ zhāng shū zhū shēn
衡⑥也，夫然后行。”子张书诸绅⑦。

（《卫灵公第十五》第6则）

字词解释

① 行：通达的意思。

② 笃：忠厚。

③ 蛮貊：南蛮北狄，指当时我国南方和北方的少数民族。

④ 州里：五家为邻，五邻为里。五党为州，一州有二千五百家。州里指近处。

⑤ 参：排列，显现。

⑥ 衡：车辕前面的横木。

⑦ 绅：贵族系在腰间的大带。

句子翻译

子张问怎样才能处处行得通。孔子说："言语忠实诚信，行为笃厚恭敬，即使到了蛮貊地区，也能行得通。言语不忠实诚信，行为不笃厚恭敬，即使是在本乡本土，能行得通吗？站立时，就好像看见'忠实、诚信、笃厚、恭敬'的字样直立在面前；在车上时，就好像看见这几个字靠在车前横木上，这样才能处处行得通。"子张把这些话写在衣服大带上。

101

zǐ yuē jūn zǐ zhēn ér bù liàng

子曰："君子贞①而不谅②。"

（《卫灵公第十五》第 37 则）

字词解释

① 贞：正，指固守正道，这里指大信。

② 谅：信，指不分是非而守信，这里指小信。

句子翻译

孔子说："君子讲大信，而不拘泥于守小信。"

102 子曰(zǐ yuē)："君子(jūn zǐ)不重(bú zhòng)①则(zé)不威(bù wēi)，学则不固(xué zé bú gù)②。主忠(zhǔ zhōng)信(xìn)③，无(wú)④友不如己者(yǒu bù rú jǐ zhě)⑤。过(guò)⑥则勿惮(zé wù dàn)⑦改(gǎi)。"

（《学而第一》第 8 则）

字词解释

① 重：庄重、自持。

② 学则不固：所学不牢固。与上句联系起来就可理解为：一个人不庄重就没有威严，所学也不牢固。

③ 主忠信：以忠信为主。

④ 无：通"毋"，不要的意思。

⑤ 不如己者：指不忠不信的人，"不如己者"是比较委婉的说法。

⑥ 过：过错、过失。

⑦ 惮：害怕、畏惧。

句子翻译

孔子说："一个君子，如果不庄重，就没有威严，即使读书，所学也不会牢固。行事当以忠和信这两种道德为主。不要和不忠不信的人交朋友。有了过错，不要怕改正。"

成语积累

过则勿惮改：有了错误，不要怕改正。

第二十一篇　孝

103

zǐ yuē fù zài guān qí zhì fù mò guān qí xíng sān

子曰：“父在，观其①志；父没，观其行②；三

nián wú gǎi yú fù zhī dào kě wèi xiào yǐ

年无改于父之道，可谓孝矣。”

（《学而第一》第 11 则）

字词解释

① 其：指儿子，不是指父亲。

② 行：行为。

句子翻译

孔子说：“当他父亲活着时，要看他本人的志向；他父亲去世以后，就要考察他本人的具体行为了。如果他长期坚持父亲生前那些正确原则，就可以说是尽孝了。”

104

mèng yì zǐ wèn xiào zǐ yuē wú wéi fán chí yù

孟懿子①问孝，子曰：“无违②。”樊迟③御④，

zǐ gào zhī yuē mèng sūn wèn xiào yú wǒ wǒ duì yuē wú wéi

子告之曰：“孟孙问孝于我，我对曰‘无违’。”

fán chí yuē hé wèi yě zǐ yuē shēng shì zhī yǐ lǐ sǐ

樊迟曰：“何谓也？”子曰：“生，事之以礼；死，

zàng zhī yǐ lǐ jì zhī yǐ lǐ

葬之以礼，祭之以礼。”

（《为政第二》第 5 则）

字词解释

① 孟懿子：鲁国大夫，姓仲孙，名何忌。懿，谥号。

② 无违：不要违背礼节。

③ 樊迟：孔子的学生，姓樊，名须，字子迟。

④ 御：驾车，赶车。

句子翻译

孟懿子问什么是孝道。孔子说："不要违背礼节。"不久，樊迟替孔子驾车，孔子告诉他："孟孙问我什么是孝道，我对他说，不要违背礼节。"樊迟说："这是什么意思？"孔子说："父母活着的时候，依规定的礼节侍奉他们；死的时候，依规定的礼节安葬他们，祭祀他们。"

105 孟武伯(mèng wǔ bó)①问孝(wèn xiào)，子曰(zǐ yuē)："父母唯其(fù mǔ wéi qí)②疾之忧(jí zhī yōu)。"

（《为政第二》第6则）

字词解释

① 孟武伯：上文孟懿子的儿子，名彘（zhì），"武"是谥号。

② 其：指孩子。

句子翻译

孟武伯问什么是孝道，孔子说："父母只为孩子的疾病担忧（而不担忧别的）。"

106 子游问孝(zǐ yóu wèn xiào)，子曰(zǐ yuē)："今之孝者(jīn zhī xiào zhě)，是谓能养(shì wèi néng yǎng)。至(zhì)于犬马(yú quǎn mǎ)①，皆能有养(jiē néng yǒu yǎng)。不敬(bú jìng)，何以别乎(hé yǐ bié hū)？"

（《为政第二》第7则）

字词解释

① 至于犬马，皆能有养：犬马也能受到人的饲养。一说犬马也能养活人。

句子翻译

子游请教孝道，孔子说："现在所说的孝，指的是养活父母便行了。即使犬马，也都有人饲养。对父母如果不恭敬，那和饲养犬马有什么区别呢？"

107 子夏问孝，子曰："色难①。有事，弟子②服其劳；有酒食③，先生④馔⑤；曾⑥是以为孝乎？"

（《为政第二》第 8 则）

字词解释

① 色难：有两种解释，一说孝子侍奉父母，以做到和颜悦色为难；一说难在承望、理解父母的脸色。今从前解。

② 弟子：年轻的子弟。

③ 食：食物。

④ 先生：与"弟子"相对，指长辈。

⑤ 馔：吃喝。

⑥ 曾：副词，竟然、难道的意思。

句子翻译

子夏问什么是孝道，孔子说："侍奉父母经常保持和颜悦色最难。遇到事情，由年轻人去做；有好吃好喝的，让老年人享受，竟然以为这样就是孝吗？"

108

子曰："事父母几①谏。见志不从，又敬不违，劳②而不怨。"

（《里仁第四》第 18 则）

字词解释

① 几：轻微，婉转。

② 劳：劳心；担忧。

句子翻译

孔子说："侍奉父母，对他们的缺点应该委婉地劝止，如果自己的意见没有被采纳，仍然要对他们恭敬，不加违抗。只在心里忧愁而不怨恨。"

成语积累

劳而不怨：意思是形容孝子精心侍奉父母，也指当政者使民勤劳而民无埋怨。

109

子曰："父母在，不远游①，游必有方②。"

（《里仁第四》第 19 则）

字词解释

① 游：指游学、游官、经商等外出活动。

② 方：一定的地方。

句子翻译

孔子说："父母在世，不远离家乡；如果不得已要出远门，也必须有确定的地方。"

110 子曰（zǐ yuē）：“父母之年（fù mǔ zhī nián），不可不知也（bù kě bù zhī yě）。一则以喜（yī zé yǐ xǐ），一则以惧（yī zé yǐ jù）。”

（《里仁第四》第21则）

句子翻译

孔子说：“父母的年纪不能不知道，一方面因其长寿而高兴，一方面又因其年迈而有所担忧。”

第二十二篇 君子（一）

111 子曰：“质胜文则野，文胜质则史。文质彬彬①，然后君子。”

（《雍也第六》第 18 则）

字词解释

① 文质彬彬：文质配合适当。

句子翻译

孔子说：“质朴多于文采就难免显得粗野，文采超过了质朴又难免流于虚浮，文采和质朴完美地结合在一起，这才能成为君子。”

成语积累

文质彬彬：原义是人的文采和实质配合适当，形容气质温文尔雅，行为举止端正。

112 子曰：“君子欲讷①于言而敏于行。”

（《里仁第四》第 24 则）

字词解释

① 讷：说话迟钝，引申为谨慎。

句子翻译

孔子说："君子说话应该谨慎，而行动要敏捷。"

113

zǐ yuē jūn zǐ bú qì
子曰："君子不器。"

（《为政第二》第 12 则）

句子翻译

孔子说："君子不能像器皿一样（只有一种用途）。"

成语积累

君子不器：君子不应该仅仅像器具一样，只有一方面的用途。多用来形容一个人多才多艺。

114

zǐ yuē jūn zǐ tǎn dàng dàng xiǎo rén cháng qī qī
子曰："君子坦荡荡，小人长戚戚。"

（《述而第七》第 37 则）

句子翻译

孔子说："君子的心地开阔宽广，小人却总是心地局促，带着烦恼。"

115

zǐ yuē jūn zǐ huái dé xiǎo rén huái tǔ jūn zǐ huái xíng xiǎo rén huái huì
子曰："君子怀德，小人怀土；君子怀刑，小人怀惠。"

（《里仁第四》第 11 则）

句子翻译

孔子说："君子心怀的是仁德，小人只顾眼前的安逸生活。君子关心的是以刑罚和法度治理国家，小人则只关心私利。"

第二十三篇　君子（二）

116

zǐ yuē jūn zǐ yì shì ér nán yuè yě yuè zhī bù yǐ dào bù yuè yě jí qí shǐ rén yě qì zhī xiǎo rén nán shì ér yì yuè yě yuè zhī suī bù yǐ dào yuè yě jí qí shǐ rén yě qiú bèi yān

子曰："君子易事而难说①也，说之不以道，不说也；及其使人也，器之②。小人难事而易说也，说之虽不以道，说也；及其使人也，求备焉。"

（《子路第十三》第 25 则）

字词解释

① 说：通"悦"。

② 器之：按各人的才德适当使用。"器"，器用，作动词用。

句子翻译

孔子说："在君子手下做事情很容易，但要取得他的欢心却很难。不用正当的方式去讨他的欢喜，他是不会喜欢的，但是等到他使用人的时候，能按各人的才德去分配任务。在小人手下做事很难，但要想讨好他却很容易。用不正当的方式去讨好他，他也会很高兴，但在用人的时候，却是要百般挑剔、求全责备的。"

117

zǐ yuē jūn zǐ bù kě xiǎo zhī ér kě dà shòu yě xiǎo rén bù kě dà shòu ér kě xiǎo zhī yě

子曰："君子不可小知而可大受也，小人不可大受而可小知也。"

（《卫灵公第十五》第 34 则）

句子翻译

孔子说："君子不可以用小事来察知，却可以接受重任；小人不可以承担重任，却可以用小事来察知。"

118 子曰："君子而不仁者有矣夫，未有小人而仁者也。"

zǐ yuē jūn zǐ ér bù rén zhě yǒu yǐ fú wèi yǒu xiǎo rén ér rén zhě yě

（《宪问第十四》第 6 则）

句子翻译

孔子说："君子之中也许有不仁的人吧，但小人之中却不会有仁人。"

119 子曰："君子上达，小人下达①。"

zǐ yuē jūn zǐ shàng dá xiǎo rén xià dá

（《宪问第十四》第 23 则）

字词解释

① 上达、下达：有各种解释，一说上达于仁义，下达于财利；一说上达于道，下达于器（即农工商各业）。今从前义。

句子翻译

孔子说："君子向上去通达仁义，小人向下去通达财利。"

第二十四篇　君子（三）

120

zǐ yuē　jūn zǐ zhōu　ér bù bǐ　xiǎo rén bǐ ér bù zhōu
子曰："君子周①而不比②，小人比而不周。"

（《为政第二》第 14 则）

字词解释

① 周：团结多数人。

② 比：勾结。

句子翻译

孔子说："德行高尚的人以正道广泛交友但不互相勾结，品格卑下的人互相勾结却不顾道义。"

成语积累

周而不比：指与人关系亲密，和睦相处，但不拉帮结派。

121

zǐ yuē　jūn zǐ chéng rén zhī měi　bù chéng rén zhī è　xiǎo rén fǎn shì
子曰："君子成人之美，不成人之恶。小人反是。"

（《颜渊第十二》第 16 则）

句子翻译

孔子说："君子成全别人的好事，而不促成别人的坏事。小人则与此相反。"

成语积累

成人之美：指成全别人的好事，帮助别人实现愿望。

122

zǐ yuē jūn zǐ hé ér bù tóng xiǎo rén tóng ér bù hé
子曰："君子和而不同①，小人同而不和。"

（《子路第十三》第 23 则）

字词解释

① 同：人云亦云，盲目附和。

句子翻译

孔子说："君子追求与人和谐而不是完全相同、盲目附和，小人追求与人相同、盲目附和，而不能和人相处。"

成语积累

和而不同：和睦地相处，但不随便附和。

123

zǐ yuē jūn zǐ tài ér bù jiāo xiǎo rén jiāo ér bù tài
子曰："君子泰而不骄，小人骄而不泰。"

（《子路第十三》第 26 则）

句子翻译

孔子说："君子安详坦然而不骄矜凌人，小人骄矜凌人而不安详坦然。"

成语积累

泰而不骄：态度舒泰而不骄傲。也指有地位、有权势后不骄傲。

124

zǐ yuē jūn zǐ qiú zhū jǐ xiǎo rén qiú zhū rén
子曰：“君子求诸己，小人求诸人。”

（《卫灵公第十五》第 21 则）

句子翻译

孔子说：“君子要求自己，小人苛求别人。”

125

kǒng zǐ yuē jūn zǐ yǒu sān wèi wèi tiān mìng wèi dà rén wèi
孔子曰：“君子有三畏：畏天命，畏大人，畏
shèng rén zhī yán xiǎo rén bù zhī tiān mìng ér bú wèi yě xiá dà rén wǔ
圣人之言。小人不知天命而不畏也，狎大人，侮
shèng rén zhī yán
圣人之言。”

（《季氏第十六》第 8 则）

句子翻译

孔子说：“君子有三种敬畏：敬畏天命，敬畏王公大人，敬畏圣人的言论。小人不知道天命不可违抗，所以不敬畏它，轻视王公大人，侮慢圣人的言论。”

第二十五篇 安贫乐道

126

zǐ yuē jūn zǐ shí wú qiú bǎo jū wú qiú ān mǐn yú shì ér
子曰："君子食无求饱，居无求安，敏于事而
shèn yú yán jiù yǒu dào ér zhèng yān kě wèi hào xué yě yǐ
慎于言，就有道①而正②焉，可谓好学也已。"

（《学而第一》第 14 则）

字词解释

① 有道：指有道德的人。

② 正：匡正、端正。

句子翻译

孔子说："君子饮食不要求过分，居住不求安逸，工作高效，说话慎重，与有道德志向之人亲近交流，改正自己缺点，这就是好学了。"

成语积累

食无求饱：饮食不要求饱，指饮食要节制。

敏事慎言：办事勤勉，说话谨慎。

127

zǐ yuē shì zhì yú dào ér chǐ è yī è shí zhě wèi zú
子曰："士志①于道，而耻②恶衣恶食者，未足
yǔ yì yě
与议也。"

（《里仁第四》第 9 则）

字词解释

① 志：有志于。

② 耻：以……为耻辱。

句子翻译

孔子说："读书人有志于追求真理，但又以自己吃、穿得不好为耻辱，这种人是不值得与他共谋大事的。"

成语积累

恶衣恶食：指粗劣的衣服和食物。

128

zǐ yuē fù ér kě qiú yě suī zhí biān zhī shì wú yì wéi
子曰："富①而②可求也，虽执鞭之士③，吾亦为

zhī rú bù kě qiú cóng wú suǒ hào
之。如不可求，从吾所好④。"

（《述而第七》第 12 则）

字词解释

① 富：富贵。

② 而：与"如"义通，如果、若。

③ 执鞭之士：古代的天子、诸侯和官员出入时手执皮鞭开路的人，指贱职。

④ 所好：所爱好的，此处指自古相传的道。

句子翻译

孔子说："富贵如果是合理求得的，即使是执鞭的贱职，我也愿意去做。如果不能合理求得，那还是顺从我自己的爱好吧。"

成语积累

执鞭之士：指替别人牵马，拿马鞭的，比喻伺候人的下人。

129

zǐ yuē fàn shū shí yǐn shuǐ qū gōng ér zhěn zhī lè yì zài
子曰："饭疏食[①]饮水，曲肱而枕之[②]，乐亦在
qí zhōng yǐ bú yì ér fù qiě guì yú wǒ rú fú yún
其中矣。不义而富且贵[③]，于我如浮云。"

（《述而第七》第 16 则）

字词解释

① 饭疏食：饭，吃。疏食，粗饭、粗食。

② 曲肱而枕之：曲臂当枕。肱，臂、胳膊。

③ 不义而富且贵：不循道义而得富贵。

句子翻译

孔子说："吃着粗食，喝着白水，弯曲胳膊枕着，乐也在其中。不循道义而得来的富贵，对我来说如同天上的浮云。"

成语积累

曲肱而枕：意思是枕着弯曲的胳膊睡，形容人生活恬淡，无忧无虑。

130

zǐ yuē dǔ xìn hào xué shǒu sǐ shàn dào wēi bāng bú rù
子曰："笃[①]信[②]好学，守死善道。危邦[③]不入，
luàn bāng bù jū tiān xià yǒu dào zé xiàn wú dào zé yǐn bāng yǒu dào
乱邦不居[④]。天下有道则见[⑤]，无道则隐。邦有道，
pín qiě jiàn yān chǐ yě bāng wú dào fù qiě guì yān chǐ yě
贫且贱焉，耻也；邦无道，富且贵焉，耻也。"

（《泰伯第八》第 13 则）

字词解释

① 笃：有忠贞不渝、踏踏实实、一心一意、坚持不懈之意。可译作“坚定”。

② 信：崇奉、信仰。

③ 危邦：险地。“邦”，此处泛指地方。

④ 居：停留。

⑤ 见：音义皆同“现”，现身。

句子翻译

孔子说：“心怀坚定的信念，努力学习，守卫自己的道义。不去危险的国家，不居住在动乱的国家。天下有道则现身从政，无道则隐身不仕。国家有道，贫贱即是耻辱；国家无道，富贵也是耻辱。”

成语积累

笃信好学：指对道德和事业抱有坚定的信心，勤学好问。

131 子曰（zǐ yuē）：“岁寒（suì hán），然后知松柏之后凋（rán hòu zhī sōng bǎi zhī hòu diāo）①也（yě）。”

（《子罕第九》第28则）

字词解释

① 凋：凋零。

句子翻译

孔子说：“寒冷的季节到了，才知道松柏的叶子是最后凋零的。”

第二十六篇 为政之道

132 子曰（zǐ yuē）：“道（dǎo）[1]千乘（qiān shèng）[2]之国（zhī guó），敬事（jìng shì）[3]而信（ér xìn），节用而（jié yòng ér）爱人（ài rén），使民以时（shǐ mín yǐ shí）。”

（《学而第一》第5则）

字词解释

① 道：通“导”，引导之意。此处译为治理。

② 千乘之国：乘，古代用四匹马拉的兵车。

③ 敬事：“敬”是指对待所从事的事务要谨慎专一、兢兢业业，即今人所说的敬业。

句子翻译

孔子说：“一个拥有一千辆兵车的国家，就要严谨认真地办理国家大事而又恪守信用，诚实无欺，节约财政开支而又爱护官吏臣僚，役使百姓要不误农时。”

成语积累

使民以时：“时”指农时。古代百姓以农业为主，这里是说役使百姓要按照农时，即不要误了耕作与收获。

133

zǐ yuē　wéi zhèng yǐ dé　pì rú běi chén　jū qí suǒ ér zhòng
子曰："为政以德，譬如北辰①，居其所而众
xīng gǒng zhī
星共②之。"

（《为政第二》第 1 则）

字词解释

① 北辰：北极星。

② 共：同"拱"，环绕。

句子翻译

孔子说："用道德的力量去治理国家，自己就会像北极星那样，安然处在自己的位置上，别的星辰都环绕着它。"

成语积累

众星拱极：意思是比喻众物围绕一物或众人拥戴一人。

134

zǐ yuē　dǎo zhī yǐ zhèng　qí zhī yǐ xíng　mín miǎn ér wú chǐ
子曰："道①之以政，齐之以刑，民免②而无耻。
dǎo zhī yǐ dé　qí zhī yǐ lǐ　yǒu chǐ qiě gé
道之以德，齐之以礼，有耻且格③。"

（《为政第二》第 3 则）

字词解释

① 道：通"导"，有两种解释，一说是引导的意思，一说是领导、治理，与"道千乘之国"的"道"相同。此从后解。

② 免：免罪、免刑、免祸。

③ 格：纠正。

句子翻译

孔子说：用政令来治理百姓，用刑罚来制约百姓，百姓可暂时免于罪过，但不会感到不服从统治是可耻的；如果用道德来统治百姓，用礼教来约束百姓，百姓不但有廉耻之心，而且会衷心归附。

135

zǐ zhāng wèn zhèng, zǐ yuē: "jū zhī wú juàn, xíng zhī yǐ zhōng."

子张问政，子曰："居①之无倦，行之以忠。"

（《颜渊第十二》第14则）

字词解释

① 居：居位。

句子翻译

子张问怎样治理政事，孔子说："居于官位不懈怠，执行君令要忠实。"

136

shè gōng wèn zhèng, zǐ yuē: "jìn zhě yuè, yuǎn zhě lái."

叶公问政，子曰："近者说①，远者来。"

（《子路第十三》第16则）

字词解释

① 说：通"悦"。

句子翻译

叶公问为政之道。孔子说："让周围的人快乐满意，使远处的人闻风归附。"

第二十七篇　言语之道

137

kǒng zǐ yuē bù zhī mìng wú yǐ wéi jūn zǐ yě bù zhī lǐ
孔子曰："不知命，无以[1]为君子也；不知礼，
wú yǐ lì yě bù zhī yán wú yǐ zhī rén yě
无以立也；不知言[2]，无以知人也。"

（《尧曰二十》第 3 则）

字词解释

① 无以："无所以"的省略。

② 知言：善于分析别人的言语，辨别是非善恶。

句子翻译

孔子说："不懂得天命，就没有可能成为君子；不懂得礼，就没有办法立身处世；不知道分辨别人的言语，便不能了解别人。"

138

huò yuē yōng yě rén ér bù nìng zǐ yuē yān yòng nìng yù
或曰："雍[1]也仁而不佞[2]。"子曰："焉用佞？御
rén yǐ kǒu jǐ lǚ zēng yú rén bù zhī qí rén yān yòng nìng
人以口给[3]，屡憎于人。不知其仁[4]，焉用佞？"

（《公冶长第五》第 5 则）

字词解释

① 雍：姓冉名雍，字仲弓，孔子的学生。

② 佞：能言善辩，有口才。

③ 口给：言语便捷、嘴快话多。

④ 不知其仁：指有口才者有仁与否不可知。

句子翻译

有人说："冉雍这个人有仁德但不善辩。"孔子说："何必要能言善辩呢？靠伶牙利齿和人辩论，常常招致别人的讨厌。这样的人我不知道他是不是做到仁，但何必要能言善辩呢？"

139

zǐ yuē mèng zhī fǎn bù fá bēn ér diàn jiāng rù mén
子曰："孟之反①不伐②，奔而殿③，将入门，
cè qí mǎ yuē fēi gǎn hòu yě mǎ bú jìn yě
策④其马曰：'非敢后也，马不进也。'"

（《雍也第六》第 15 则）

字词解释

① 孟之反：又名孟之侧，鲁国大夫。

② 伐：夸耀。

③ 殿：在最后。

④ 策：鞭打。

句子翻译

孔子说："孟之反不喜欢自夸，打仗败了，他走在最后（掩护撤退）。快进城门时，他用鞭子抽打着马说：'不是我敢殿后呀，是我的马不肯快跑呀！'"

140

zǐ yuē qiǎo yán lìng sè xiǎn yǐ rén
子曰："巧言令色，鲜矣仁！"

（《学而第一》第 3 则）

句子翻译

孔子说：“花言巧语，伪装出一幅和善的面孔，这种人很少有仁心。”

成语积累

巧言令色：指花言巧语，伪装和善，讨好于人。

141

kǒng zǐ yú xiāng dǎng xún xún rú yě sì bù néng yán zhě qí
孔子于乡党①，恂恂②如也，似不能言者。其
zài zōng miào cháo tíng biàn biàn yán wéi jǐn ěr
在宗庙、朝廷，便便③言，唯谨尔。

（《乡党第十》第1则）

字词解释

① 乡党：古代地方组织的名称。五百家为党，一万二千五百家为乡，代指本乡，家乡。

② 恂恂：恭顺貌。

③ 便便：明白畅达。

句子翻译

孔子在本乡时，非常恭顺，好像不太会说话的样子。他在宗庙和朝廷里，说话明白而流畅，只是说得很谨慎。

第二十八篇　学习的态度（一）

142 子①曰："学而时习②之，不亦说③乎？有朋自远方来，不亦乐④乎？人不知而不愠⑤，不亦君子⑥乎？"

（《学而第一》第 1 则）

字词解释

① 子：中国古代对有学问、有地位的男子的尊称。《论语》中"子曰"的"子"都是指孔子。

② 习："习"字的本意是鸟儿练习飞翔，在这里是温习和练习的意思。

③ 说：同"悦"，高兴、愉快的意思。

④ 乐：快乐。

⑤ 愠：怒，怨恨，不满。

⑥ 君子：《论语》中的"君子"指道德修养高的人，即"有德者"，有时又指"有位者"，即职位高的人。这里指"有德者"。

句子翻译

孔子说："学到的东西按时去温习和练习，不也很高兴吗？有朋友从很远的地方来，不也很快乐吗？别人不了解自己，自己却不生气，不也是一位有修养的君子吗？"

143

zǐ yuē wēn gù ér zhī xīn kě yǐ wéi shī yǐ
子曰："温①故②而知新③，可以为师④矣。"

（《为政第二》第 11 则）

字词解释

① 温：温习。

② 故：可以解释为"古""旧"，指过去的知识或经验。

③ 知新：在温故的基础上有新的领悟。

④ 可以为师：可以胜任为师。

句子翻译

孔子说："温习已经学过了的内容，并能够从中有新的领悟，这样就可以胜任为师了。"

成语积累

温故知新：指温习学过的知识而得到新的理解和心得，也指回顾历史，对现在有新的指导。

144

zǐ yuē xué ér bù sī zé wǎng sī ér bù xué zé dài
子曰："学而不思则罔①，思而不学则殆②。"

（《为政第二》第 15 则）

字词解释

① 罔：迷惘。

② 殆：危疑，危殆。

句子翻译

孔子说："只学习而不思考，就会迷惘无所得；只思考而不学习，就会陷入危殆。"

145

zǐ rù tài miào　měi shì wèn　huò yuē　shú wèi zōu　rén zhī zǐ
子入太庙①，每事问。或曰："孰谓鄹②人之子
zhī lǐ hū　rù tài miào　měi shì wèn　zǐ wén zhī　yuē　shì
知礼乎？入太庙，每事问。"子闻之，曰："是
lǐ yě
礼也。"

（《八佾第三》第 15 则）

字词解释

① 太庙：古代开国之君太祖的庙。鲁国的太庙是周公旦的庙，供鲁国祭祀周公。

② 鄹：春秋时鲁国地名，又写作"陬"。鄹，是孔子的出生地，在今山东省曲阜市附近。"鄹人之子"，就是指孔子。

句子翻译

孔子到了太庙，每件事都要请教。有人说："谁说鄹县那个人的儿子是懂礼的？他进到太庙中，每件事都要问别人。"孔子听到后，说："这正是礼呀！"

146

zǐ yuē　jūn zǐ shí wú qiú bǎo　jū wú qiú ān　mǐn yú shì ér
子曰："君子食无求饱，居无求安，敏于事而
shèn yú yán　jiù yǒu dào　ér zhèng　yān　kě wèi hào xué yě yǐ
慎于言，就有道①而正②焉，可谓好学也已。"

（《学而第一》第 14 则）

字词解释

① 有道：指有道德、有学问的人。

② 正：匡正，端正。

句子翻译

孔子说："君子饮食不追求饱足，居住不追求安逸，对工作勤奋敏捷，说话却谨慎，接近有道德有学问的人并向他学习，纠正自己的缺点，就可以称得上是好学了。"

成语积累

居无求安：意思是指不去一心追求安适舒服的居所。

147

zǐ yuē wú cháng zhōng rì bù shí zhōng yè bù qǐn yǐ sī
子曰："吾尝终日不食①，终夜不寝，以思，
wú yì bù rú xué yě
无益，不如学也。"

（《卫灵公第十五》第31则）

字词解释

① 食：吃饭。

句子翻译

孔子说："我曾经整天不吃饭，彻夜不睡觉，冥思苦想，结果却没有什么进步，还不如认真地学习啊。"

第二十九篇　学习的态度（二）

148

zǐ yuē zhāo wén dào xī sǐ kě yǐ

子曰："朝①闻道，夕②死可矣。"

（《里仁第四》第 8 则）

字词解释

① 朝：早上。

② 夕：晚上。

句子翻译

孔子说："早晨悟得了真理，即使当天晚上死去也没有什么遗憾。"

成语积累

朝闻夕死：原义是如果早上明白了道理，哪怕当晚就死去，也是值得的，比喻对真理或目标的追求，非常热切。

149

zǐ yuē gǔ zhī xué zhě wèi jǐ jīn zhī xué zhě wèi rén

子曰："古之学者为己，今之学者为人。"

（《宪问十四》第 24 则）

句子翻译

孔子说："古代学者学习是为了充实提高自己，现在的学者学习是为了装饰给别人看。"

150

zǐ yuē sān rén xíng bì yǒu wǒ shī yān zé qí shàn zhě ér cóng
子曰："三人行①，必有我师焉。择其善者而从
zhī qí bú shàn zhě ér gǎi zhī
之，其不善者而改之。"

（《述而第七》第 22 则）

字词解释

① 行：行走。

句子翻译

孔子说："几个人同行，其中必定有人可以作为值得我学习的老师。我选取他的优点而学习，如发现他的缺点则引以为戒并加以改正。"

151

zǐ yǔ rén gē ér shàn bì shǐ fǎn zhī ér hòu hè zhī
子与人歌而善①，必使反②之，而后和③之。

（《述而第七》第 32 则）

字词解释

① 善：好。

② 反：重复。

③ 和：跟着唱或跟着唱腔伴奏。

句子翻译

孔子和别人一起唱歌，如果唱得好，一定请那个人重唱一遍，然后自己再跟着他唱。

152

zǐ yuē xué rú bù jí yóu kǒng shī zhī
子曰："学如不及，犹恐①失之。"

（《泰伯第八》第 17 则）

字词解释

① 恐：担心。

句子翻译

孔子说："学习（就像追赶什么似的）生怕赶不上，（学到了）还唯恐丢失。"

第三十篇　反省改过（一）

153

zēng zǐ yuē wú rì sān xǐng wú shēn wèi rén móu ér bù zhōng
曾子曰："吾日三省①吾身，为人谋而不忠

hū yǔ péng yǒu jiāo ér bú xìn hū chuán bù xí hū
乎？与朋友交而不信乎？传②不习乎？"

（《学而第一》第 4 则）

字词解释

① 三省：多次反省。

② 传：老师讲授的功课。

句子翻译

曾参说："我每天多次反省自己，替别人办事是不是尽心竭力了呢？与朋友交往是不是诚实守信了呢？对老师传授的功课，是不是用心复习了呢？"

成语积累

三省吾身：原指每日从三个方面反省自己，后指多次自觉地反省自己。

154

zǐ yuē yǐ yǐ hū wú wèi jiàn néng jiàn qí guò ér nèi zì sòng
子曰："已矣乎！吾未见能见其过而内自讼①

zhě yě
者也。"

（《公冶长第五》第 27 则）

字词解释

① 自讼：自我批评。

句子翻译

孔子说："算了吧！我还没有看见过能发现自己的错误而及时在内心自我批评的人啊。"

155

zǐ yuē jiàn xián sī qí yān jiàn bù xián ér nèi zì xǐng yě

子曰："见贤①思齐焉，见不贤而内自省②也。"

（《里仁第四》第 17 则）

字词解释

① 贤：有贤德的人。

② 自省：自我反省。

句子翻译

孔子说："见到贤德的人，就应该向他学习、看齐。见到缺少贤德的人，就应该自我反省是否和他有一样的错误。"

成语积累

见贤思齐：意思是说看到有德行有才能的人就向他学习，希望能和他看齐。

156

zǐ xià yuē xiǎo rén zhī guò yě bì wén

子夏①曰："小人②之过也必文③。"

（《子张第十九》第 8 则）

字词解释

① 子夏："孔门十哲"文学科弟子，小孔子 44 岁。15 岁即入孔门，曾随孔子周游列国。

② 小人：此处指无德者。

③ 文：文饰，掩饰。

句子翻译

子夏说："小人犯了错误一定会掩饰。"

第三十一篇 反省改过（二）

157

陈司败①问："昭公②知礼乎？"孔子曰："知礼。"孔子退③，揖④巫马期⑤而进之⑥，曰："吾闻君子不党，君子亦党⑦乎？君⑧取于吴，为同姓，谓之吴孟子。君而知礼，孰不知礼？"巫马期⑨以告。子曰："丘也幸⑩，苟⑪有过，人必知之。"

（《述而第七》第 31 则）

字词解释

① 陈司败：陈是指陈国。"司败"具体指人名还是官职名，今天已无法知道。

② 昭公：鲁昭公，姬姓，名裯（chóu），昭是谥号，春秋时期鲁国国君。

③ 退：离开。

④ 揖：拱手行礼。

⑤ 巫马期：孔子的学生，姓巫马，名施，字子期。

⑥ 进之：使之进，即陈司败请巫马期走近一步。

⑦ 党：偏私。

⑧ 君：指鲁昭公。

⑨ 取：同"娶"，娶妻。

⑩ 幸：幸运。

⑪ 苟：如果。

句子翻译

陈司败问孔子：“鲁昭公懂礼吗？”孔子说：“懂礼。”孔子离开后，陈司败向巫马期作揖，并请他走近自己，说：“我听说君子不因关系亲近而偏私，难道君子也会偏私吗？鲁昭公从吴国娶了位夫人，吴国和鲁国是同姓国，因此讳称夫人为吴孟子。如果鲁昭公懂礼，还有谁不懂礼呢？”巫马期把这番话转告给了孔子。孔子说：“我很幸运，如果有过错，别人一定会指出来让我知道。”

158

zǎi yú zhòu qǐn zǐ yuē xiǔ mù bù kě diāo yě fèn tǔ zhī
宰予昼寝①，子曰：“朽木不可雕②也，粪土③之
qiáng bù kě wū yě yú yú yú hé zhū zǐ yuē shǐ wú yú
墙不可杇④也，于予与何诛⑤？”子曰：“始吾于
rén yě tīng qí yán ér xìn qí xíng jīn wú yú rén yě tīng qí yán ér
人也，听其言而信其行；今吾于人也，听其言而
guān qí xíng yú yú yú gǎi shì
观其行。于予与改是。”

（《公冶长第五》第 10 则）

字词解释

① 昼寝：白天睡觉。

② 雕：雕刻、雕琢。

③ 粪土：腐土、脏土。

④ 杇：建筑时用来抹墙用的工具，这里指用抹子粉刷墙壁。

⑤ 诛：责备、批评。

句子翻译

宰予大白天睡觉。孔子说：“腐烂的木头无法雕刻，粪土筑的墙壁无法粉刷。对于宰予，还有什么可以责备的呢？”孔子又说：“先前我对人，听了他的话便相信他的行为；现在我对待别人，听取他的话之外，还要观察他的行为。是宰予使我改变了。”

成语积累

朽木不雕：指腐烂的木头不可雕琢，比喻局势或人已经糟糕到了不可救药的地步。

159 子贡曰：“君子①之过也，如日月之食焉。过也，人皆见之；更②也，人皆仰③之。”

zǐ gòng yuē jūn zǐ zhī guò yě rú rì yuè zhī shí yān guò yě rén jiē jiàn zhī gēng yě rén jiē yǎng zhī

（《子张第十九》第 21 则）

字词解释

① 君子：此处可指有德者，亦可指有位者，亦即为政者。

② 更：改也。

③ 仰：有敬慕、仰赖双重含义。

句子翻译

子贡说：“君子之过，有如日食月食。有过时，人皆可见；改过后，人皆敬仰。”

第三十二篇 识人辨事（一）

160

zǐ yuē shì qí suǒ yǐ guān qí suǒ yóu chá qí suǒ ān
子曰："视其所以①，观其所由②，察其所安③，
rén yān sōu zāi rén yān sōu zāi
人焉廋④哉？人焉廋哉？"

（《为政第二》第10则）

字词解释

① 以：行为。

② 所由：所经过的途径，引申为达到目标所采用的方法与手段。

③ 所安：本心所安之处。

④ 廋：隐藏、藏匿。

句子翻译

孔子说："看他的所作所为，考察他做事的动机与方法，了解他的心安于何事，不安于何事。那么，这个人还怎样隐藏呢？这个人还怎样隐藏呢？"

161

zǐ yuē rén zhī guò yě gè yú qí dǎng guān guò sī zhī
子曰："人之过①也，各于其党②。观过，斯知
rén yǐ
仁③矣。"

（《里仁第四》第7则）

字词解释

① 过：过失。

② 党：类。

③ 仁：通“人”。

句子翻译

孔子说：“人的过错，各有总类。观察他所犯的错误，就知道他是不是仁德了。”

成语积累

观过知仁：察看一个人所犯过错的性质，就可以了解他的为人。

162

zǐ yuē yàn píng zhòng shàn yǔ rén jiāo jiǔ ér jìng zhī

子曰：“晏平仲①善与人交，久而敬之②。”

（《公冶长第五》第 17 则）

字词解释

① 晏平仲：齐国大夫，姓晏，名婴，“平”是他的谥号，曾做过齐景公的宰相。

② 之：代词，这里指代晏平仲。

句子翻译

孔子说：“晏平仲善于与人交朋友，时间越久，越令人尊敬。”

163

zǐ gòng wèn yǒu zǐ yuē zhōng gào ér shàn dǎo zhī bù kě zé zhǐ wú zì rǔ yān

子贡问友，子曰：“忠告而善道①之，不可则止，毋自辱焉。”

（《颜渊第十二》第 23 则）

字词解释

① 道：通“导”，开导、引导。

句子翻译

子贡问与朋友的相处之道，孔子说：“忠心地劝告他并好好地开导他，如果不听从也就罢了，不要自取其辱。”

164

zǐ gòng wèn yuē xiāng rén jiē hào zhī hé rú zǐ yuē
子贡问曰：“乡人皆好①之，何如？”子曰：
wèi kě yě xiāng rén jiē wù zhī hé rú zǐ yuē wèi
“未可也。”“乡人皆恶②之，何如？”子曰：“未
kě yě bù rú xiāng rén zhī shàn zhě hào zhī qí bú shàn zhě wù zhī
可也。不如乡人之善者好之，其不善者恶之。”

（《子路第十三》第 24 则）

字词解释

① 好：称赞。

② 恶：憎恨。

句子翻译

子贡问孔子说：“同乡的人们都称赞他，这个人怎么样？”孔子说：“还不能肯定。”子贡又问孔子说：“同乡的人们都憎恨他，这个人怎么样？”孔子说：“这也不能肯定。这些都不如他同乡的人中有德望的人称赞他，有恶行的人憎恨他。”

165

zǐ yuē jūn zǐ jīn ér bù zhēng qún ér bù dǎng
子曰：“君子矜①而不争，群而不党。”

（《卫灵公第十五》第 22 则）

字词解释

① 矜：庄重的意思。

句子翻译

孔子说："君子矜持庄重而不与人争执，合群而不与人结成宗派。"

成语积累

矜而不争：君子善于忍耐而不与人争斗，与众相和而不偏私。

第三十三篇 识人辨事（二）

166

zǐ yuē jūn zǐ bù yǐ yán jǔ rén bù yǐ rén fèi yán
子曰："君子不以言举①人，不以人废言。"

（《卫灵公第十五》第 23 则）

字词解释

① 举：推举。

句子翻译

孔子说："君子不因为一个人的言语（说得好）而推举他，也不因为一个人有缺点而废弃他好的言论。"

167

zǐ yuē dào bù tóng bù xiāng wéi móu
子曰："道不同，不相为①谋。"

（《卫灵公第十五》第 40 则）

字词解释

① 为：做、行、做事。

句子翻译

孔子说："志向主张不同，不在一起谋划共事。"

168

kǒng zǐ yuē yì zhě sān yǒu sǔn zhě sān yǒu yǒu zhí yǒu
孔子曰：“益者三友，损者三友。友直、友
liàng yǒu duō wén yì yǐ yǒu pián pì yǒu shàn róu yǒu pián
谅①、友多闻，益矣；友便②辟、友善柔③、友便
nìng sǔn yǐ
佞④，损矣。”

（《季氏第十六》第 4 则）

字词解释

① 谅：诚信。

② 便辟：虚伪奸诈。

③ 善柔：表面顺从而背后诋毁，即阿谀奉承。

④ 便佞：惯于花言巧语。

句子翻译

孔子说：“有益的朋友有三种，有害的朋友也有三种。朋友直爽，朋友守信，朋友见闻广博，都是有益的；朋友虚浮，朋友圆滑，朋友夸夸其谈，都是有害的。”

169

kǒng zǐ yuē jūn zǐ yǒu sān wèi wèi tiān mìng wèi dà rén
孔子曰：“君子有三畏：畏天命，畏①大人②，
wèi shèng rén zhī yán xiǎo rén bù zhī tiān mìng ér bú wèi yě xiá dà rén
畏圣人之言。小人不知天命而不畏也，狎③大人，
wǔ shèng rén zhī yán
侮圣人之言。”

（《季氏第十六》第 8 则）

字词解释

① 畏：敬畏。

② 大人：地位高贵的人。

③ 狎：过于亲昵而态度不庄重。

句子翻译

孔子说："君子在三个方面心存敬畏：敬畏上天的宿命，敬畏地位高贵的人，敬畏圣人的箴言。小人不懂得天命，因而也不知敬畏，不尊重地位高贵的人，蔑视圣人的言语。"

170

zǐ yuē　xìng　xiāng jìn yě　xí　xiāng yuǎn yě

子曰："性①相近也，习②相远也。"

（《阳货第十七》第 2 则）

字词解释

① 性：本性。

② 习：后天的习惯。

句子翻译

孔子说："人们的本性是相近的，后天的习惯使人们之间相差甚远了。"

171

zǐ yuē　qiǎo yán　lìng sè　zú gōng　zuǒ qiū míng　chǐ zhī

子曰："巧言、令色、足恭，左丘明①耻之，

qiū yì chǐ zhī　nì yuàn ér yǒu qí rén　zuǒ qiū míng chǐ zhī　qiū yì

丘亦耻之。匿怨而友其人，左丘明耻之，丘亦

chǐ zhī

耻之。"

（《公冶长第五》第 25 则）

字词解释

① 左丘明：鲁国史官，姓左丘，名明。一说姓左，名丘明。相传是《春秋左氏传》和《国语》的作者。

句子翻译

孔子说："花言巧语，面貌伪善，过分恭敬，这种人，左丘明认为可耻，我也认为可耻。把仇恨暗藏于心，表面上却同人要好，这种人，左丘明认为可耻，我也认为可耻。"

第三十四篇　自信幽默（一）

172

或①谓孔子曰："子奚不②为政③？"子曰："《书》云：'孝乎惟孝④，友于兄弟'，施⑤于有政，是⑥亦为政，奚其为⑦为政？"

（《为政第二》第21则）

字词解释

① 或：有的人。

② 奚不：何不。奚，何、为什么。

③ 为政：从政。

④ 惟孝：尽于孝道。

⑤ 施：延及。

⑥ 是：此、这。

⑦ 奚其为：如何是。

句子翻译

有人问孔子说："您为什么不从政呢？"孔子说："《尚书》上说：'孝啊最重要的是尽孝，友爱兄弟'，将此推行到政治上去，这也是从政，不然如何才算是从政呢？"

173 子曰："事①君尽礼，人以为谄②也。"

（《八佾第三》第 18 则）

字词解释

① 事：侍奉，服务。

② 谄：谄媚。

句子翻译

孔子说："按照礼制去侍奉君主，别人却以为你这是谄媚求荣呢。"

174 子谓仲弓曰："犁牛①之子骍且角②，虽欲勿用，山川其③舍④诸？"

（《雍也第六》第 6 则）

字词解释

① 犁牛：即耕牛。

② 骍且角：祭祀用的牛，有红色的毛并且有完整的角。骍，红色。周朝以赤色为贵，所以祭祀的时候也用赤色的牲畜。角，指长得完整而端正的角。

③ 其：难道、怎么会。

④ 舍：舍弃。

句子翻译

孔子对仲弓说："耕牛产下的幼犊长着红色的毛和整齐的角，人们虽不愿用它作祭品，但山川之神难道会舍弃它吗？"

成语积累

犁牛之子：指出生不好的人有才能。

175

dá xiàng dǎng rén yuē dà zāi kǒng zǐ bó xué ér wú suǒ chéng míng zǐ wén zhī wèi mén dì zǐ yuē wú hé zhí zhí yù hū zhí shè hū wú zhí yù yǐ

达巷党人①曰："大哉②孔子！博学而无所成名③。"子闻之，谓门弟子④曰："吾何执？执御乎？执射乎？吾执御⑤矣。"

（《子罕第九》第 2 则）

字词解释

① 达巷党人：是指达巷这里的乡人、乡亲。

② 大哉：崇高伟大。

③ 博学而无所成名：赞美孔子博学，道艺周遍，同时可惜孔子并不以某一艺而成名。

④ 门弟子：门人弟子。

⑤ 御：驾车。

句子翻译

达巷的乡人说："孔子真是伟大！学问渊博却无法称赞他是哪一方面成名。"孔子听说了这话，对门下的弟子们说："我应该专执哪一项呢？专执驾车吗？专执射箭吗？我还是专执驾车吧。"

176

zǐ wèi yú kuāng yuē wén wáng jì mò wén bú zài zī hū tiān zhī jiāng sàng sī wén yě hòu sǐ zhě bù dé yú yú sī wén yě tiān zhī wèi sàng sī wén yě kuāng rén qí rú yú hé

子畏于匡，曰："文王既没，文不在兹乎？天之将丧斯文也，后死者①不得与②于斯文③也；天之未丧斯文也，匡人其如予何？"

（《子罕第九》第 5 则）

字词解释

① 后死者：孔子自指。

② 与：参与。

③ 斯文：即道。

句子翻译

孔子被困拘在匡地，他说：“周文王死去以后，文脉道统不就在我这里吗？上天如果真要消灭这种文明礼乐，我就不会了解这些知识了；上天如果不想灭除这种礼乐文明，那么匡人又能把我怎么样呢？”

第三十五篇　自信幽默（二）

177

zǐ yù jū jiǔ yí huò yuē lòu rú zhī hé zǐ yuē
子欲①居九夷。或曰："陋，如之何？"子曰：
jūn zǐ jū zhī hé lòu zhī yǒu
"君子居之，何陋之有！"

（《子罕第九》第 14 则）

字词解释

① 欲：想要。

句子翻译

孔子想到九夷生活的地方去住。有人说："那种地方很简陋，怎么能住呢？"孔子说："君子去住的话，怎么会简陋呢？"

178

zǐ yuē wú zì wèi fǎn lǔ rán hòu yuè zhèng yǎ sòng
子曰："吾自卫反鲁，然后乐正①，《雅》《颂》
gè dé qí suǒ
各得其所。"

（《子罕第九》第 15 则）

字词解释

① 正：整理。

句子翻译

孔子说：“我从卫国回到鲁国，才把音乐进行了整理，《雅》和《颂》都有了适当的应用场景。”

成语积累

各得其所：原指各人都得到满足。后指每个人或事物都得到恰当的位置或安排。

179 子曰：“苟有用我者，期月①而已可也，三年有成。”

（《子路第十三》第 10 则）

字词解释

① 期月：十二个月轮换过一周，即一年的意思。

句子翻译

孔子说：“如果有人能够任用我治理国家政事，一年的时间便可以初见规模，三年就一定会见到成效了。”

180 子之①武城②，闻弦歌③之声。夫子莞尔④而笑，曰：“割鸡焉用牛刀⑤？”子游对曰：“昔者偃也闻诸夫子曰：‘君子学道则爱人，小人学道则易使也。’”子曰：“二三子⑥，偃之言是也！前言戏之耳。”

（《阳货第十七》第 4 则）

字词解释

① 之：前往。

② 武城：鲁国的城邑，在今山东省费县西南，当时子游是武城县令。

③ 弦歌：弹奏琴瑟，奏乐咏诗，指礼乐教化。

④ 莞尔：微笑的样子。

⑤ 割鸡焉用牛刀：意思武城是小邑，何必用礼乐大道。后用来比喻做小事情不值得用大力量。

⑥ 二三子：指随行的几个弟子。

句子翻译

孔子前往武城，听到了弹奏琴瑟歌唱的声音。孔子微笑着说："杀鸡何必用宰牛的刀呢？"子游回答说："过去我听老师说过：'君子学习礼乐就会有爱人之心，平民百姓学习礼乐就容易听从指挥。'"孔子说："学生们！子游的话说得对。我刚才的话是跟他开玩笑罢了。"

181

zǐ yuē sān jūn kě duó shuài yě pǐ fū bù kě duó zhì yě
子曰："三军可夺帅也，匹夫不可夺志也。"

（《子罕第九》第 26 则）

句子翻译

孔子说："一国的军队，可以使它丧失主帅；一个男子汉，却不能强制改变他的志向。"

第三十六篇 注重历史

zǐ zhāng wèn shí shì kě zhī yě zǐ yuē yīn yīn
子张问；“十世①可知也②？”子曰：“殷③因④
yú xià lǐ suǒ sǔn yì kě zhī yě zhōu yīn yú yīn lǐ suǒ sǔn
182 于夏礼，所损益⑤，可知也；周因于殷礼，所损
yì kě zhī yě qí huò jì zhōu zhě suī bǎi shì kě zhī yě
益，可知也。其或继周者，虽百世，可知也。”

（《为政第二》第 23 则）

字词解释

① 世：古时称三十年为一世，一世为一代。也有的把“世”解释为朝代。

② 也：表疑问的语气词。

③ 殷：殷朝，即商朝，商王盘庚迁都于殷（今河南省安阳市西北部）就称商朝为“殷”。

④ 因：因袭，沿袭。

⑤ 损益：（对夏礼的）增减。

句子翻译

子张问：“今后十代的礼制现在可以预知吗？”孔子说：“殷代承袭夏代的礼制，其中废除和增加的内容是可以知道的；周代继承殷代的礼制，其中废除和增加的内容，也是可以知道的。那么以后如果有继承周朝的朝代，就是在一百代以后，也是可以预先知道的。”

183

zǐ zhāng yuē shū yún gāo zōng liàng yīn sān nián bù
子张曰："《书》云，'高宗①谅阴②，三年不
yán hé wèi yě zǐ yuē hé bì gāo zōng gǔ zhī rén jiē
言。'何谓也？"子曰："何必高宗，古之人皆
rán jūn hōng bǎi guān zǒng jǐ yǐ tīng yú zhǒng zǎi sān nián
然。君薨③，百官总己以听于冢宰④三年。"

（《宪问第十四》第 40 则）

字词解释

① 高宗：殷高宗武丁，是商朝中兴的贤王。

② 谅阴：古时天子守丧之称。

③ 薨：君主时代诸侯或大官死叫薨。

④ 冢宰：官名。听于冢宰是说百官都听命于冢宰，继位的新君可不理政事。

句子翻译

子张说："《尚书》上说：'殷高宗守丧，三年不谈政事。'这是什么意思？"孔子说："不只是殷高宗，古人都是这样。国君死了，所有官员都各司其职，听从冢宰的命令长达三年。"

184

zǐ yuē zhōu jiàn yú èr dài yù yù hū wén zāi wú
子曰："周监①于二代②，郁郁③乎文哉，吾
cóng zhōu
从周。"

（《八佾第三》第 14 则）

字词解释

① 监：通"鉴"，借鉴的意思。

② 二代：这里指夏代和周代。

③ 郁郁：文采盛貌。丰富、浓郁之意。

句子翻译

孔子说："周朝的礼仪制度借鉴于夏、商二代，是多么丰富多彩啊。我遵从周朝的制度。"

185

zǐ yuē wǒ fēi shēng ér zhī zhī zhě hào gǔ mǐn yǐ qiú zhī zhě yě

子曰："我非生而知之者，好①古，敏②以求③之者也。"

（《述而第七》第 20 则）

字词解释

① 好：爱好。

② 敏：勤奋敏捷。

③ 求：获得，获求。

句子翻译

孔子说：我不是生来就有知识的人，而是爱好古代的东西，勤奋敏捷地去求得知识的人。

186

zǐ yuē shù ér bú zuò xìn ér hào gǔ qiè bǐ yú wǒ lǎo péng

子曰："述而不作，信而好古，窃比于我老彭。"

（《述而第七》第 1 则）

句子翻译

孔子说："阐述而不创作，相信并喜爱古代文化，我私下里把自己比作老彭。"

成语积累

信而好古：意思是相信并爱好古旧的历史知识。

第三十七篇 《诗经》之奥

187

子曰："小子①何莫②学夫《诗》③？《诗》可以兴④，可以观⑤，可以群⑥，可以怨⑦。迩⑧之事父，远之事⑨君。多识于鸟兽草木之名。"

（《阳货第十七》第 9 则）

字词解释

① 小子：弟子。

② 何莫：为什么不。莫，不。

③ 诗：指《诗经》。

④ 兴：兴起。

⑤ 观：观一个国家的风俗。

⑥ 群：人群相处。

⑦ 怨：心中有怨。

⑧ 迩：近。

⑨ 事：侍奉。

句子翻译

孔子说："弟子们为什么不学习《诗经》呢？《诗经》，可用来兴起人的志趣，可用来观察地方风俗，可用来与人群相处，可用来表达内心之怨。从近处说可用来侍奉父母，从远处说可用来侍奉君上，还可以多多地认识草木鸟兽的名字。"

188

子(zǐ)曰(yuē)："《诗(shī)》三(sān)百(bǎi)①，一(yì)言(yán)以(yǐ)蔽(bì)②之(zhī)，曰(yuē)：'思(sī)无(wú)邪(xié)③。'"

（《为政第二》第 2 则）

字词解释

①《诗》三百：诗，指《诗经》一书，此书实有 305 篇，三百只是举其整数。

② 蔽：概括的意思。

③ 思无邪：此为《诗经·鲁颂》中的一句，此处的"思"作思想解。无邪，一解为"纯正"，一解为"直"，前者较妥。

句子翻译

孔子说："《诗经》三百篇，可以用一句话来概括它，就是'思想纯正'。"

189

子(zǐ)夏(xià)问(wèn)曰(yuē)："'巧(qiǎo)笑(xiào)倩(qiàn)兮(xī)①，美(měi)目(mù)盼(pàn)兮(xī)，素(sù)以(yǐ)为(wéi)绚(xuàn)兮(xī)'。何(hé)谓(wèi)也(yě)？"子(zǐ)曰(yuē)："绘(huì)事(shì)后(hòu)素(sù)②。"曰(yuē)："礼(lǐ)后(hòu)乎(hū)？"子(zǐ)曰(yuē)："起(qǐ)予(yǔ)者(zhě)商(shāng)也(yě)，始(shǐ)可(kě)与(yǔ)言(yán)《诗(shī)》已(yǐ)矣(yǐ)。"

（《八佾第三》第 8 则）

字词解释

① 巧笑倩兮，美目盼兮，素以为绚兮：前两句见《诗经·卫风·硕人》篇。盼，眼睛黑白分明。绚，有文采。

② 绘事后素：绘，画。素，白底。指绘画前需要有一个纯净的画布。

句子翻译

子夏问孔子："'笑得真好看啊，美丽的眼睛真明亮啊，用素粉来打扮啊。'这几句话是什么意思呢？"孔子说："这是说先有白底然后画画。"子夏又问："那么，是不是说礼也是后起的事呢？"孔子说："商，你真是能启发我的人，现在可以同你讨论《诗经》了。"

190

zǐ yuē guān jū lè ér bù yín āi ér bù shāng
子曰："《关雎》①，乐而不淫，哀而不伤。"

（《八佾第三》第 20 则）

字词解释

①《关雎》：这是《诗经》的第一篇。

句子翻译

孔子说："《关雎》这篇诗，快乐而不放荡，忧愁而不哀伤。"

成语积累

哀而不伤：形容感情或行为有节制，不过分；另形容诗歌、音乐优美雅致，感情适度。

191

táng dì zhī huā piān qí fǎn ér qǐ bù ěr sī shì shì yuǎn
"唐棣之华，偏其反而。岂不尔思？室是远
ér zǐ yuē wèi zhī sī yě fú hé yuǎn zhī yǒu
而。"子曰："未之思也，夫何远之有？"

（《子罕第九》第 31 则）

句子翻译

“唐棣的花，在风中摇曳，难道不思念你吗？是因为家住的太远了。”孔子说：“没有真正思念，如果有，怎会觉得远？”

第三十八篇 音乐之妙

192 子谓《韶》①：“尽美②矣，又尽善③也。”谓《武》④：“尽美矣，未尽善也。”

（《八佾第三》第 25 则）

字词解释

①《韶》：相传是古代歌颂虞舜的一种乐舞。

② 美：指乐曲的音调、舞蹈的形式而言。

③ 善：指乐舞的思想内容而言。

④《武》：相传是歌颂周武王的一种乐舞。

句子翻译

孔子讲到《韶》这一乐舞时说：“艺术形式美极了，内容也很好。”谈到《武》这一乐舞时说：“艺术形式很美，但内容却差一些。”

成语积累

尽美尽善：意谓极其完善，极其美好，形容事物完美无缺。

193 子在齐闻《韶》，三月①不知肉味，曰：“不图②为乐之至于斯也。”

（《述而第七》第 14 则）

字词解释

① 三月：很长时间。“三”是虚数。

② 不图：没想到。

句子翻译

孔子在齐国听到《韶》这种乐曲后，很长时间内感觉不到肉的美味，他感叹道：“没想到音乐欣赏竟然能达到这样的境界！”

194

zǐ yuē xīng yú shī lì yú lǐ chéng yú yuè

子曰：“兴①于《诗》，立②于礼，成③于乐。”

（《泰伯第八》第 8 则）

字词解释

① 兴：兴起，开始。

② 立：成立，建立。

③ 成：完成。

句子翻译

孔子说：“从学习《诗》开始，把礼作为立身的根基，掌握音乐使所学得以完成。”

195

zǐ jī qìng yú wèi yǒu hè kuì ér guò kǒng shì zhī mén zhě yuē

子击磬于卫，有荷蒉①而过孔氏之门者，曰：

yǒu xīn zāi jī qìng hū jì ér yuē bǐ zāi kēng kēng hū

“有心哉，击磬乎！”既而曰：“鄙哉，硁硁乎！

mò jǐ zhī yě sī jǐ ér yǐ yǐ shēn zé lì qiǎn zé qì

莫己知也，斯己而已矣②。深则厉，浅则揭③。”

zǐ yuē guǒ zāi mò zhī nàn yǐ

子曰：“果哉！末④之难⑤矣。”

（《宪问十四》第 39 则）

字词解释

① 蒉：一种草编的筐子。

② 斯己而已矣：就相信自己好了。

③ 深则厉，浅则揭：穿着衣服涉水叫厉，提起衣襟涉水叫揭。

④ 末：无。

⑤ 难：责问。

句子翻译

孔子在卫国，一次正在击磬，有一个挑着草筐的人经过孔子门前，说："这个磬击打得有深意啊！"过了一会儿他又说："真可鄙呀，磬声硁硁的，没有人知道自己，就自己作罢好了。水深就索性穿着衣服蹚过去，水浅就撩起衣服走过去。"孔子说："说得真果断啊！真这样的话，就没有什么可责问他的了。"

附：成语积累

第一篇

择善从之：指采纳正确的建议或选择好的方法。

逝者如斯：时间就像这奔腾的河水一样，不停地流逝，形容光阴如流水一去不返。

第二篇

诲人不倦：教导人特别耐心，从不厌倦。

饱食终日：指整天吃饱饭，不动脑筋，不干什么正经事。

第三篇

闻一知十：该成语原义是听到一点就能理解很多，形容人禀赋聪敏，领悟力、类推力强。

第四篇

箪食瓢饮：一箪食物，一瓢水，形容贫苦的生活。

第五篇

敏而好学：天资聪明而又好学。

不耻下问：向比自己地位低、知识少的人请教，不觉耻辱。

贫而无谄：指虽贫穷而不去巴结奉承人。

富而无骄：很富有但不趾高气扬。

切磋琢磨：比喻学习或研究问题时彼此商讨，互相吸取长处，改正缺点。

第六篇

求仁得仁：求仁德便得到仁德。比喻理想和愿望实现。

待价而沽：等待善价出售，也比喻怀才待用或待时而行。

过犹不及：做事过分就好比做得不够一样，皆不妥当，形容事情要适得其中。

亿则屡中：料事总是能与实际相符。

第七篇

恶居下流：原指君子不愿居于卑下的地位，现也指不甘居下游。

一以贯之：指做人做事，按照一个道理，从始至终都不会改变。

第八篇

不忮不求：不妒忌，不贪求。

片言折狱：能用简单的几句话判决讼事。后指能用几句话就断定双方争论的是非。

第九篇

肥马轻裘：穿着轻暖的皮袄，骑着肥壮的好马，形容生活阔绰。

暴虎冯河：空手打虎，徒步过河，比喻做事有勇无谋，冒险行事。

第十篇

任重道远：指担子很重，路很远。比喻肩负的责任重大，并且需要经过长期艰苦的努力。

死而后已：死了以后才罢手，形容为完成一种责任而奋斗终身。

犯而不校：受到别人的冒犯或无礼也不计较。

第十一篇

贤贤易色：礼待贤士而轻视色欲。

绘事后素：指先有白色底子才可彩绘。比喻行事开始简单，然后逐步深入。也指有良好的质地，才能锦上添花。

第十二篇

行不由径：从来不走邪路，比喻行动正大光明。

第十三篇

多闻阙疑：虽然见多识广，有不懂之处，还应存有疑问，指谦虚谨慎的治学态度。

察言观色：意为揣度对方的话语，观察对方的脸色，以摸清其真实的意图 。

第十四篇

言必有中：一说话就能说到点子上，常用于赞美人说话中肯。

第十五篇

中道而废：事情尚未完成，就停止不做了。

犯上作乱：封建统治者形容人民的反抗、起义之说。

第十六篇

志士仁人：原指仁爱而有节操，能为正义牺牲生命的人，现在泛指爱国而为革命事业出力的人。

造次颠沛：流离失所、生活困顿。

当仁不让：遇到应该做的事情，积极主动地担当起来，毫不推辞。

第十七篇

见义不为：见到应该挺身而出的事情，却袖手旁观，就是怯懦。

第十八篇

博学于文：广泛地学习文献。

克己复礼：指克制自己的私欲，使言行举止合乎礼节。

是可忍，孰不可忍：如果这个都可以容忍，还有什么不可容忍的呢？意思是绝不能容忍。

第十九篇

浸润之谮：像水浸润物件一样逐渐传播的谗言。

称人之恶：指专讲别人坏话的人。

第二十篇

过则勿惮改：有了错误，不要怕改正。

第二十一篇

劳而不怨：形容孝子精心侍奉父母，也指当政者使民勤劳而民无埋怨。

第二十二篇

文质彬彬：原义是人的文采和实质配合适当，也形容气质温文尔雅，行为举止端正。

君子不器：君子不应该仅仅像器具一样，只有一方面的用途，多用来形容一个人多才多艺。

第二十四篇

周而不比：指与人关系亲密，和睦相处，但不拉帮结派。

成人之美：指成全别人的好事，帮助别人实现愿望。

和而不同：和睦地相处，但不随便附和。

泰而不骄：态度舒泰而不骄傲，也指有地位、有权势后不骄傲。

第二十五篇

食无求饱：饮食不要求饱，指饮食要节制。

敏事慎言：办事勤勉，说话谨慎。

恶衣恶食：指粗劣的衣服和食物。

执鞭之士：指替别人牵马、拿马鞭的，比喻伺候人的下人。

曲肱而枕：枕着弯曲的胳膊睡，形容人生活恬淡，无忧无虑。

笃信好学：指对道德和事业抱有坚定的信心，勤学好问。

第二十六篇

众星拱极：比喻众物围绕一物或众人拥戴一人。

使民以时：“时”指农时。古代百姓以农业为主，这里是说役使百姓要按照农时，即不要误了耕作与收获。

第二十七篇

巧言令色：指花言巧语，伪装和善，讨好于人。

第二十八篇

温故知新：温习学过的知识，而得到新的理解和心得，也指回顾历史，对现在有新的指导。

居无求安：不去一心追求安适舒服的居所。

第二十九篇

朝闻夕死：原义是如果早上明白了道理，哪怕当晚就死去，也是值得的，比喻对真理或目标的追求，非常热切。

第三十篇

三省吾身：原指每日从三个方面反省自己，后指多次自觉地反省自己。

见贤思齐：看到有德行有才能的人就向他学习，希望能和他看齐。

第三十一篇

朽木不雕：指腐烂的木头不可雕琢，比喻局势或人已经糟糕到了不可救药的地步。

第三十二篇

观过知仁： 观察一个人所犯过错的性质，就可以了解他的为人。

矜而不争： 君子善于忍耐而不与人争斗，与众相和而不偏私。

第三十四篇

犁牛之子： 指出生不好的人有才能。

第三十五篇

各得其所： 原指各人都得到满足，后指每个人或事物都得到恰当的位置或安排。

第三十六篇

信而好古： 相信并爱好古旧的历史知识。

第三十七篇

哀而不伤： 形容感情或行为有节制，不过分，另形容诗歌、音乐优美雅致，感情适度。

第三十八篇

尽美尽善： 意谓极其完善，极其美好，形容事物完美无缺。

◎崇德国文丛书

论语

选段精读

配套习题

刘薇 杨彬 主编

東華大學出版社

目录

第一篇　孔子其人（一）

课堂巩固

一、知识填空

孔子，子姓，________氏，名__________，字__________，____________时期__________国人。________学派创始人。

二、注音

1. 子之燕（　　　）居，申申（　　　）如也，夭夭（　　　）如也。

2. 子曰："盖（　　　）有不知而作（　　　）之者，我无是也。多闻，择（　　　）其善者而从之；多见而识（　　　）之，知之次也。"

3. 逝（　　　）者如斯（　　　）夫！不舍昼（　　　）夜。

4. 厩（　　　）焚（　　　），子退朝（　　　），曰："伤人乎？"不问马。

5. 子路宿（　　　）于石门。晨门曰："奚（　　　）自？"子路曰："自孔氏（　　　）。"曰："是知其不可而为之者与（　　　）？"

三、原文句意理解

1. "多见而识之"中"识"的意思是（　　　）。

A. 通"志"，记住　B. 认识　C. 标志　D. 知识

2. "逝者如斯夫"中"逝"的意思是（　　　）。

A. 重大　B. 重复　C. 往，离去　D. 遥远

3. "不舍昼夜"中"舍"的意思是（　　　）。

A. 居住；住宿　B. 放弃　C. 不顾惜　D. 离开

4. "子路宿于石门"中"宿"的意思是（　　　）。

A 停留　B 处于　C 预先；早先　D 住；过夜

四、释义与造句

择善从之

____

____

小练笔

选择本篇所学中的一则，编成孔子小故事进行介绍。（100—200 字）

100

200

第二篇　孔子其人（二）

课堂巩固

一、注音

1. 十室之邑（　　　），必有忠信如丘者焉，不如丘之好（　　　）学也。

2. 子曰："默而知（　　　）之，学而不厌，诲（　　　）人不倦（　　　），何有于我哉（　　　）？"

3. 叶（　　　）公问孔子于子路，子路不对。子曰："女（　　　）奚（　　　）不曰：'其为（　　　）人也，发愤（　　　）忘食，乐以忘忧，不知老之将至云尔。'"

4. 子钓（　　　）而不纲（　　　），弋（　　　）不射宿（　　　）。

5. 子曰："饱食终日，无所用心，难矣哉（　　　）！不有博（　　　）弈（　　　）者乎？为之犹（　　　）贤（　　　）乎已。"

二、原文句意理解

1. "十室之邑"中"邑"的意思是（　　　）。

A. 村庄　　B. 城市　　C. 首都　　D. 码头

2. "学而不厌"中"厌"的意思是（　　　）。

A. 厌倦　　B. 讨厌　　C. 喜欢　　D. 满足

3. "子路不对"中"对"的意思是（　　　）。

A. 正确　　B. 错误　　C. 核对　　D. 回答

4. "弋不射宿"中"弋"的意思是（　　　）。

A. 收割　　B. 游走

C. 用带绳子的箭射鸟　　D. 钓鱼

三、释义与造句

1. 饱食终日

____

____

2. 诲人不倦

____

____

小练笔

选择本篇所学中的一则，编成孔子小故事进行介绍。（100–200 字）

100

200

第三篇 颜回其人（一）

课堂巩固

一、注音

1. 颜渊死，子哭之恸（　　　）。从者曰：“子恸矣！”曰：“有恸乎？非夫（　　　）人之为恸而谁为？”

2. 退而省（　　　）其私，亦足以发（　　　），回也不愚（　　　）！

3. 子谓子贡曰：“女（　　　）与回也孰愈（　　　）？”

4. 有颜回者好学，不迁（　　　）怒，不贰（　　　）过，不幸短命死矣！今也则亡（　　　），未闻好（　　　）学者也。

二、原文句意理解

1. “退而省其私”中“省”的意思是（　　　）。

A. 审察，考察　　B. 探望，问候

C. 阅读　　D. 知晓，懂得

2. “赐也何敢望回”中“望”的意思是（　　　）。

A. 看望　　B. 比，比得上

C. 怨恨　　D. 拜访

3. “女与回也孰愈”中“愈”的意思是（　　　）。

A. 更加，愈发　　B. 痊愈

C. 进步　　D. 胜过、超过

4. “今也则亡”中“亡”的意思是（　　　）。

A. 丢失　　B. 逃跑

C. 同“无”，没有　　D. 死亡

三、释义与造句

闻一知十

____

____

小练笔

颜回作为"孔门七十二贤"之首，身上有许多难得而可贵的品质。结合文中所学内容，请写出两种颜回身上值得你学习的优秀品质，并谈一谈它们宝贵在哪里。（100 字）

100

200

第四篇 颜回其人（二）

课堂巩固

一、注音

1. 子曰：“回也，其心三月不违（　　　）仁，其余则日月至焉（　　　）而已矣。

2. 子曰：“贤哉，回也！一箪（　　　）食，一瓢（　　　）饮，在陋（　　　）巷，人不堪（　　　）其忧，回也不改其乐。贤哉，回也！”

3. 子曰：“语（　　　）之而不惰（　　　）者，其回也与？”

4. 子畏（　　　）于匡（　　　），颜渊后。子曰：“吾以女为死矣。”曰：“子在，回何敢死！”

二、原文句意理解

1. “人不堪其忧”中“堪”的意思是（　　　）。

A. 能够；可以　　B. 胜任

C. 勉强承受（困难、痛苦等）　　D. 征服

2. “语之而不惰者”中“语”的意思是（　　　）。

A. 通“悟”，醒悟　　B. 告诉

C. 说话　　D. 语言

3. “子谓颜渊曰”中“谓”的意思是（　　　）。

A. 提到　　B. 认为　　C. 称谓　　D. 意料

4. “子畏于匡”中“畏”的意思是（　　　）。

A. 恐惧　　B. 避开　　C. 忧虑　　D. 围困

三、释义与造句

箪食瓢饮

____

____

小练笔

孔子多次与人提到颜回是好学之人，请联系我们学过的篇目，思考一下颜回的好学品质体现在哪些地方。（100 字）

100

200

第五篇 子贡其人（一）

课堂巩固

一、注音

1. 子贡问曰:“赐（　　　）也何如？”子曰:“女（　　　），器也。”曰:“何器也？”曰:“瑚（　　　）琏（　　　）也。”

2. 子贡欲去告朔（　　　）之饩（　　　）羊。子曰:“赐也！尔爱其羊，我爱其礼。”

3. 敏（　　　）而好学，不耻（　　　）下问，是以谓之‘文’也。

4. 贫而无谄（　　　），富而无骄（　　　），何如？

5. 如切如磋（　　　），如琢如磨（　　　）。

二、原文句意理解

1. “尔爱其羊，我爱其礼”中“爱”的意思是（　　　）。

A. 怜悯　　B. 舍不得　　C. 喜好　　D. 爱惜

2. “先行其言而后从之”中“行”的意思是（　　　）。

A. 通晓　　B. 实践　　C. 经历　　D. 授予

3. “敏而好学”中“敏”的意思是（　　　）。

A. 迅速　　B. 敏锐　　C. 勤勉　　D. 敏感

4. “告诸往而知来者”中“诸”的意思是（　　　）。

A. 众，许多　　B. 相当于“之”

C. 相当于“于”　　D. 各，各位

三、释义与造句

1. 不耻下问

2. 切磋琢磨

小练笔

请谈一谈，在学习中怎么做到“切磋琢磨”。(100 字)

100

200

第六篇 子贡其人（二）

课堂巩固

一、注音

1.“伯夷（　　　）叔齐何人也？”曰：“古之贤（　　　）人也。”

2. 子贡曰：“有美玉于斯，韫（　　　）椟（　　　）而藏诸？求善贾（　　　）而沽（　　　）诸？”子曰：“沽之哉，沽之哉！我待贾者也。”

3. 子曰：“回也其庶（　　　）乎，屡（　　　）空。赐不受命而货殖（　　　）焉，亿则屡中。”

二、原文句意理解

1.“夫子为卫君乎”中“为”的意思是（　　　）。

A. 成为　　B. 是　　C. 认为　　D. 辅佐

2.“回也其庶乎，屡空”中“庶”的意思是（　　　）。

A. 将近，相近　　B. 多，众多　　C. 各种　　D. 也许

3.“回也其庶乎，屡空”中“空”的意思（　　　）。

A. 富贵　　B. 贫困　　C. 高尚　　D. 闲适

4.“赐不受命而货殖焉，亿则屡中”中“亿”的意思是（　　　）。

A. 同“臆”，猜测，预料　　B. 疑惑

C. 担忧　　D. 害怕

三、释义与造句

1. 求仁得仁

____

____

2. 待价而沽

____

____

文言·练一练

今有人日攘[1]其邻之鸡者。或告之曰："是非君子之道。"曰："请[2]损之，月攘一鸡，以待来年，然后已。"如知其非义，斯速已矣，何待来年？

——选自《孟子》

注释：①攘：偷窃。 ②请：请允许我。

1. 解释下列句子中加点的词。

（1）今有人日攘邻之鸡者（　　　　）　（2）请损之（　　　　）

2. 下列"已"字与"然后已"的"已"意义不相同的一项是（　　　　）。

A. 事已至此　　B. 死而后已　　C. 赞叹不已　　D. 万不得已

3. 用现代汉语翻译下面的句子。

是非君子之道。

____

小练笔

孔子认为事情做得过头了和做得不够一样，都是不妥当的。你理解孔子所说的意思吗？请举例说说生活中"过犹不及"的事有哪些？（100字）

第七篇 子贡其人（三）

课堂巩固

一、注音

1. 纣（　　　）之不善，不如是之甚（　　　）也。
2. 君子恶（　　　）居下流，天下之恶（　　　）皆归焉。
3. 夫我则不暇（　　　）。
4. 女（　　　）以予为多学而识（　　　）之者与？
5. 居是邦（　　　）也。

二、原文句意理解

1. "子贡方人"中"方"的意思是（　　　）。
A. 方形　　B. 方向　　C. 拜访　　D. 评论
2. "赐也贤乎哉？夫我则不暇中"中"暇"的意思是（　　　）。
A. 假期　　B. 空闲　　C. 瑕疵　　D. 假的
3. "女以予为多学而识之者与"中"识"的意思（　　　）。
A. 知识　　B. 知道　　C. 记住　　D. 反应
4. "工欲善其事，必先利其器"中"利"的意思是（　　　）。
A. 磨锋利　　B. 有利于　　C. 购买　　D. 便利
5. "己所不欲，勿施于人"中"欲"的意思是（　　　）。
A. 玉器　　B. 做不到　　C. 想要　　D. 没有

三、释义与造句

1. 工欲善其事，必先利其器

____

____

2. 己所不欲，勿施于人

____

____

拓展：文言实词与理解

“归”字的演变过程

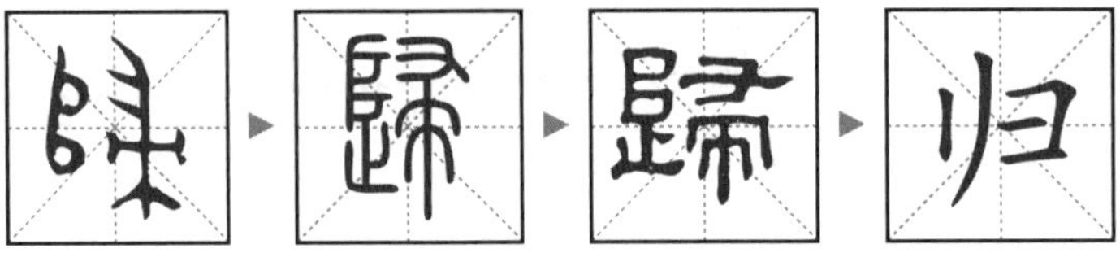

金文　小篆　隶书　楷书

【字义例释】

1. 女子出嫁　2. 返回　3. 归属　4. 归向、汇聚　5. 归还　6. 通“馈”，赠送。

将符合下列句子的释意填入括号中。

天下之恶皆归焉（　　　　）

文言·练一练

赵惠文王[①]时，得楚和氏璧[②]。秦昭王闻之，使人遗赵王书，愿以十五城请易璧。赵王与大将军廉颇[③]诸大臣谋：欲予秦，秦城恐不可得，徒见欺；欲勿予，即患秦兵之来。计未定，求人可使报秦者，未得。

…… ……

相如[④]曰：“秦强而赵弱，不可不许。”……王曰：“谁可使者？”相如曰：“王必无人，臣愿奉璧往使。城入赵而璧留秦；城不入，臣请完璧归赵。”赵王于是遂遣相如奉璧西入秦。

——选自《史记·廉颇蔺相如列传》

注释：① 赵惠文王：亦称赵文王。嬴姓，赵氏，名何。战国后期赵国第七代君主。② 和氏璧：中国历史上著名的美玉，又称和氏之璧、荆玉、和璧、和璞，为天下奇宝。③ 廉颇：嬴姓，廉氏，名颇。战国末期赵国名将。④ 相如：指蔺相如，战国时期赵国上卿，赵国著名的政治家、外交家。

1. 这是发生在什么时期的故事？________，名称是________，其中的“归”是________意思。

2. 廉颇与赵王担心什么？（　　）

A. 和氏璧坏了　　B. 秦不给城池，也不还和氏璧

C. 爆发战争　　D. 把和氏璧给楚国

3. 蔺相如出使秦国后会怎么做？划出原句。

小练笔

请回想一下，子贡有哪些特点，请列举三个：

________________　________________　________________

选择子贡的一个特点，结合课文中有关子贡的语录（故事）进行介绍。（100 字）

																			100

第八篇 子路其人（一）

课堂巩固

一、注音

1. 道不行，乘桴（　　　）浮于海。
2. 由也好（　　　）勇过我，无所取材。
3. 子见南子，子路不说（　　　），夫子矢（　　　）之曰。
4. 衣（　　　）敝（　　　）缊（　　　）袍，与衣狐貉（　　　）者立。
5. 不忮（　　　）不求，何用不臧（　　　）？
6. 子路无宿（　　　）诺。
7. 切切偲偲（　　　），怡怡如也。

二、原文句意理解

1. “道不行”中“行”的意思是（　　　）。

A. 路　B. 行列　C. 被实施　D. 品行

2. “子路不说”中“说”的意思是（　　　）。

A. 通“悦”，高兴　B. 夸耀

C. 说话　D. 批评

3. “衣敝缊袍”中“衣”的意思是（　　　）。

A. 修理　B. 保护　C. 衣服　D. 动词“穿”

4. “兄弟怡怡”中“怡”的意思是（　　　）。

A. 和气　B. 讨好　C. 帮助　D. 小

三、释义与造句

1. 不忮不求

____

____

2. 片言折狱

____

____

拓展：文言实词与理解

“从”字的演变过程

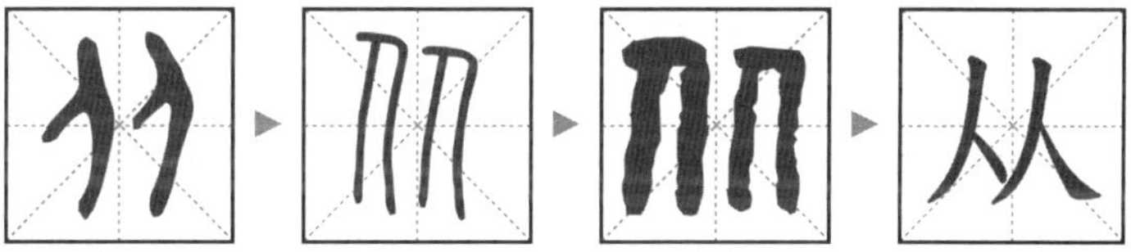

金文　小篆　隶书　楷书

【字义例释】

1. 跟随，跟从　　2. 听从，顺从，服从　　3. 参加　　4. 由，自，从

将符合下列句子的释意填入括号中。

（1）从我者，其由与。（　　　）　　（2）先行其言，而后从之。（　　　）

文言·练一练

孟子幼时，其舍①近墓，常嬉②为墓间之事③。其母曰：“此非吾所以处吾子④也。”遂迁居市旁。孟子又嬉为贾人⑤衒卖⑥之事。其母曰：“此又非吾以处吾子也。”复徙居学宫旁。孟子乃嬉为俎豆⑦揖让进退⑧之事，其母曰：“此可以处吾子矣。”遂居焉。

注释：①舍：家。　②嬉：游戏　③墓间之事：指埋葬，祭扫私人一类的事。

④所以处吾子：所以，用来；处吾子，安顿儿子的地方。 ⑤贾人：商贩。⑥衒卖：沿街叫卖。 ⑦俎豆：古代祭祀用的两种盛器，此指祭祀仪式。⑧揖让进退：打拱作揖，进退庙堂等礼节。

1. 孟子与母亲的居住地发生了变化，依次由________搬到了________，接着又搬到了________。

2. 孟母看到孟子玩什么才不搬家的？（画出原文句子）

____

3. 你知道这则小故事的名称吗？

____

小练笔

你有什么喜欢的游戏吗？请列举两个。

________________ ________________

选择其中一个推荐给大家，结合孟子的故事及课文中有关游戏的语录，介绍该游戏值得推荐的优点。（100–200 字）

100

第九篇 子路其人（二）

课堂巩固

一、注音

1. 颜渊、季路侍（　　）。子曰：“盍（　　）各言尔志？”子路曰：“愿车马衣轻裘（　　）与朋友共敝（　　）之而无憾（　　）。”颜渊曰：“愿无伐（　　）善，无施（　　）劳。”

2. 暴虎冯（　　）河，死而无悔者，吾不与也。必也临事而惧（　　），好（　　）谋而成者也。

3. 子曰：“修己（　　）以敬。”曰：“如斯而已（　　）乎？”

4. 在陈绝粮食，从者病，莫能兴（　　）。子路愠（　　）见曰。

5. 君子尚（　　）勇乎？

二、原文句意理解

1. “颜渊、季路侍”中“侍”的意思是（　　）。

A. 侍奉　　B. 仆人　　C. 等待　　D. 进献

2. “愿无伐善”中“伐”的意思是（　　）。

A. 砍木头　　B. 夸耀　　C. 攻打　　D. 批评

3. “修己以安人”中“修”的意思是（　　）。

A. 修理　　B. 建造

C. 编写　　D. 学习、锻炼

4. “君子亦有穷乎”中“穷”的意思是（　　）。

A. 处境不好　　B. 贫穷，没钱

C. 尽头　　D. 小

三、释义与造句

1. 暴虎冯河

2. 肥马轻裘

拓展：文言实词与理解

“行”字的演变过程

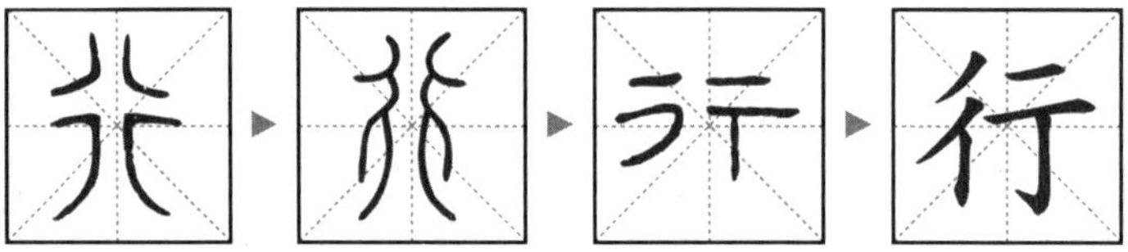

金文　小篆　隶书　楷书

【字义例释】

1. 路　2. 行走　3. 实行　4. 品德、行为

5. 行列、队伍　6. 道路　7. 担任官职

将符合下列句子的释意填入括号中。

（1）用之则行（　　）　（2）子行三军（　　）

文言·练一练

隔行如隔山，我们局外人就是有什么事看在眼里，也是猪八戒吃人参果，食而不知其味。

——选自《晚清文学丛钞·冷眼观》第十二回

一、

1. 注音：隔行（　　　　）如隔山。

2. 释义：隔行如隔山的“行”是哪个意思？＿＿＿＿＿＿＿＿

3. 造句：隔行如隔山

＿＿＿＿＿＿＿＿＿＿＿＿＿＿＿＿＿＿＿＿＿＿＿＿

二、

合抱之木，生于毫末；
九层之台，起于垒土；
千里之行，始于足下。

——选自《道德经》第六十四章

1. 注音：千里之行（　　　　）。

2. 释义：千里之行的“行”是哪个意思？＿＿＿＿＿＿＿＿

3. 造句：千里之行，始于足下

＿＿＿＿＿＿＿＿＿＿＿＿＿＿＿＿＿＿＿＿＿＿＿＿

小练笔

请回想一下，子路有哪些特点，请列举三个。

＿＿＿＿＿＿＿＿　＿＿＿＿＿＿＿＿　＿＿＿＿＿＿＿＿

选择子路的一个特点，结合课文中有关子路的语录（故事），进行介绍。（100-200 字）

100

第十篇 曾子其人（二）

课堂巩固

一、注音

1. 吾道一以贯（　　　）之……夫子之道，忠恕（　　　）而已矣。

2. 曾子曰："士不可以不弘（　　　）毅，任重（　　　）而道远。仁以为己（　　　）任，不亦重乎？死而后已（　　　），不亦远乎？"

3. 慎（　　　）终追远，民德归厚矣。

4. 以能问于不能；以多问于寡（　　　）；有若无，实若虚（　　　），犯而不校（　　　）。

5. 君子以文会友，以友辅（　　　）仁。

二、原文句意理解

1. "吾道一以贯之"中"贯"的意思是（　　　）。

A. 横着的　　B. 钱的计量单位

C. 等待　　D. 贯穿

2. "任重而道远"中"重"的意思是（　　　）。

A. 重大　　B. 重复　　C. 重要　　D. 遥远

3. "死而后已"中"已"的意思是（　　　）。

A. 已经　　B. 太、过　　C. 随后　　D. 停止

4. "实若虚"中"若"的意思是（　　　）。

A. 好像　　B. 选择　　C. 顺从　　D. 和、与

三、释义与造句

1. 犯而不校

____

____

2. 任重道远

____

____

拓展：文言实词与理解

“曾”字的演变过程

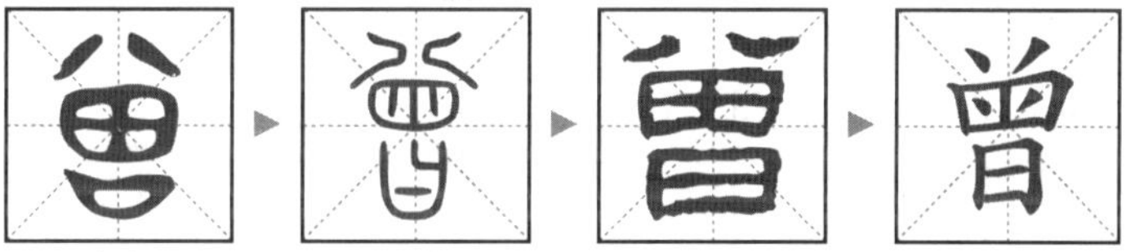

金文　　小篆　　隶书　　楷书

【字义例释】

1. 蒸笼　　2. 隔两代的亲属　　3. 姓　　4. 曾经　　5. 通“层”，重叠

将符合下列句子的释意填入括号中。

（1）曾子（　　　）　　（2）未曾有也（　　　）

文言 · 练一练

楚人有涉江者，其剑自舟中坠于水。遽[①]契[②]其舟，曰：“是吾剑之所从坠。”舟止，从其所契者入水求之。<u>舟已行矣，而剑不行，求剑若此，不亦惑[③]乎？</u>

注释： ①遽（jù）：立即，匆忙。　②契（qì）：用刀子雕刻。　③惑：迷惑，糊涂。

1. 试将文中划线句子的意思用自己的话写出来。

____

2. 这是我们熟悉的一个寓言故事，可概括为一个成语：________________。

3. 你一定积累过许多出自寓言故事的成语，请写出两个。

____________________，____________________

小练笔

你一定向别人请教过问题，简要介绍那次经历。(100–200 字)

100

200

第十一篇 子夏其人

课堂巩固

一、注音

1. 博（　　　）学而笃（　　　）志，切问而近思，仁在其中矣。

2. 君子有三变：望之俨（　　　）然，即（　　　）之也温，听其言也厉（　　　）。

3. 贤贤易色；事父母，能竭（　　　）其力；事君，能致（　　　）其身；与朋友交，言而有信。

4. 日知其所亡（　　　），月无忘其所能，可谓好学也已矣。

5. 子夏问曰："'巧笑倩（　　　）兮，美目盼兮（　　　），素以为绚（　　　）兮'，何谓也？"子曰："绘事后素。"曰："礼后乎？"子曰："起予（　　　）者商也！始可与言《诗》已矣。"

6. 仕（　　　）而优则学，学而优则仕。

二、原文句意理解

1. "切问而近思"中"切"的意思是（　　　）。

A. 切割　　B. 贴近　　C. 符合　　D. 恳切

2. "望之俨然"中"俨"的意思是（　　　）。

A. 庄严；恭敬　　B. 整齐　　C. 好像　　D. 美艳

3. "日知其所亡"中"亡"的意思是（　　　）。

A. 逃跑　　B. 丢失　　C. 死去　　D. 通"无"，没有

4. "起予者商也"中"起"的意思是（　　　）。

A. 由躺而坐，由坐而立　　B. 通"启"，启发

C. 兴起　　D. 发生

三、释义与造句

1. 博学笃志

____

____

2. 绘事后素

____

____

拓展：文言实词与理解

“素”字的演变过程

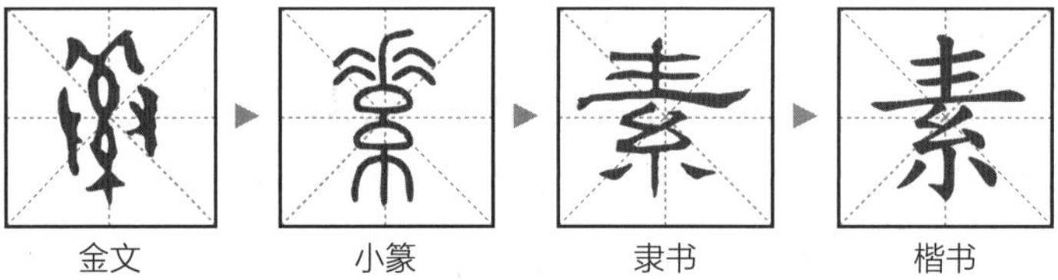

【字义例释】

1. 白色的　2. 未修饰的　3. 朴素、质朴　4. 一向，向来　5. 本色的生帛

将符合下列句子的释意填入括号中。

（1）素以为绚兮（　　　　）　　（2）绘事后素（　　　　）

文言·练一练

郑人有欲买履者，先自度①其足，而置之其坐。至之市，而忘操之。已得履，乃曰：“吾忘持度②。”反归取之。及反，市罢，遂不得履。人曰：“何不试之以足？”曰：“宁信度，无自信也。”

——选自《韩非子》

注释：①度（duó）：用尺子量。　②度（dù）：尺码。

1. 解释下列句子中加点的词。

（1）而忘操之（　　　）　（2）乃曰（　　　）

2. 用现代汉语翻译下面的句子。

及反，市罢，遂不得履。

____

____

3. 下面成语的结构与“试之以足”不相同的一项是（　　）。

A. 绳之以法　　B. 嗤之以鼻　　C. 一言以蔽之　　D. 动之以情

4. 从这个郑国人身上，我们可以得到什么启示？

____

____

小练笔

无论是子夏的“仕而优则学，学而优则仕”，还是诸葛亮“君子儒与小人儒”的辩驳，抑或是陈涉“燕雀安知鸿鹄之志哉”的叹息，所谈的都是一种志向，哪怕这种志向不为别人理解也毫不动摇。你有志向吗？如果别人不理解怎么办？请简要介绍。（100–200 字）

100

第十二篇 子游其人

课堂巩固

一、注音

1. 事君数（　　　），斯辱（　　　）矣；朋友数（　　　），斯疏矣。

2. 子游为武城宰（　　　），子曰："女（　　　）得人焉尔乎？"曰："有澹（　　　）台灭明者，行（　　　）不由径（　　　），非公事，未尝（　　　）至于偃（　　　）之室也。"

3. 君子之道，孰（　　　）先传焉？孰后倦（　　　）焉？譬（　　　）诸草木，区以别矣。君子之道焉可诬（　　　）也？有始有卒（　　　）者，其惟（　　　）圣人乎！

4. 丧（　　　）致乎哀而止。

二、原文句意理解

1. "事君数"中"数"的意思是（　　　）。

A. 数字　　B. 动词，数　　C. 多次　　D. 少数人

2. "行不由径"中"径"的意思是（　　　）。

A. 小路，不是正道　　B. 直的

C. 往　　D. 经过

3. "未尝至于偃之室"中"尝"的意思是（　　　）。

A. 品尝，辨味　　B. 副词，曾经　　C. 试探　　D. 经历

4. "抑末也"中"抑"的意思是（　　　）。

A. 转折连词，可是　　B. 限制

C. 表示推断，相当于"还是"　　D. 表示反诘，相当于"岂、难道"

三、释义与造句

行不由径

____

____

拓展：文言实词与理解

“及”字的演变过程

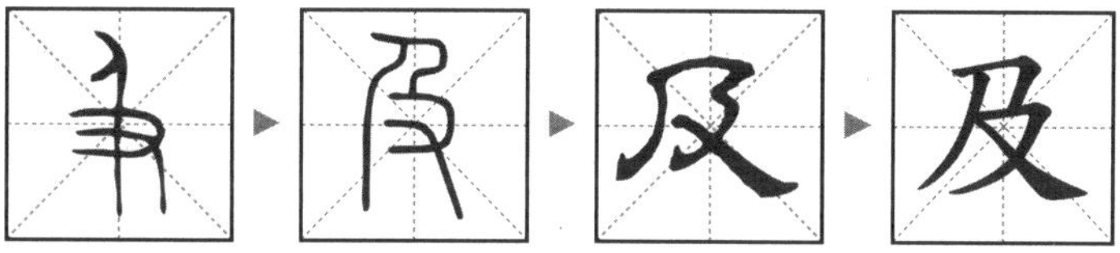

金文　小篆　隶书　楷书

【字义例释】

1. 赶上并抓住前面的人　2. 以及，和　3. 至，到达

4. 比得上　5. 等到

将符合下列句子的释意填入括号中。

（1）过犹不及（　　）

（2）及鲁肃过寻阳，与蒙议论（　　）

（3）君甚美，徐公何能及君也（　　）

（4）若有作奸犯科及为忠善者（　　）

文言·练一练

郑之鄙（　　）人，学为盖，三年而大旱（　　），无所用；弃而为桔槔，三年而大雨，又无所用，则还为盖焉。未几盗起，民尽戎（　　）服，鲜用盖者。欲学兵，则老矣。

越有善农者，凿（　　）田种稻，三年皆涝（　　）。人谓宜泻（　　）水种黍（　　），弗对，而仍其旧。乃大旱连岁，计其获，则偿所歉（　　　）而赢（　　　）焉。

故曰："旱斯具舟，热斯具裘（　　　）"，天下名言也。

——选自《越人种稻》

1. 给文中空格处注音。

2. 翻译最后一段：故曰："旱斯具舟，热斯具裘"，天下名言也。

____

3. 文章运用了哪一种写作方法？ ______________

4. 你更喜欢哪一个人物？为什么？

____

____

小练笔

你认为"洒扫、应对、进退"之类的日常事物是学问吗？我们从中能学到什么，请谈谈你的看法。（100-200 字）

100

200

第十三篇 子张其人

课堂巩固

一、注音

1. 多闻阙（　　）疑，慎（　　）言其余，则寡尤；多见阙殆（　　），慎行其余，则寡（　　）悔。言寡尤（　　），行寡悔，禄（　　）在其中矣。

2. 君子尊（　　）贤而容（　　）众，嘉善而矜（　　）不能。我之大贤与（　　），于人何所不容？我之不贤与，人将拒（　　）我，如之何其拒人也？

3. 夫达也者，质（　　）直而好（　　）义，察（　　）颜而观（　　）色，虑（　　）以下人。在邦（　　）必达，在家必达。夫闻也者，色取仁（　　）而行违（　　），居之不疑（　　）。在邦必闻，在家必闻。

4. 执德不弘（　　），信道不笃（　　），焉能为有？焉能为亡（　　）？

二、原文句意理解

1.“行寡尤，言寡悔”中“尤”的意思是（　　）。

A. 尤其　B. 突出　C. 过失　D. 责怪

2.“可者与之”中“与”的意思是（　　）。

A. 给　B. 相与交往　C. 介词。跟；同　D. 连词。及

3.“士何如斯可谓之达矣”中“达”的意思是（　　）。

A. 通达　B. 到达；实现　C. 表达　D. 直通

4.“士见危致命”中“致”的意思是（　　）。

A. 招引，使达到　B. 献纳，献出

C. 集中（力量、意志等）于某个方面　D. 送到

三、释义与造句

多闻阙疑

____

____

拓展：文言实词与理解

“亡”字的演变过程

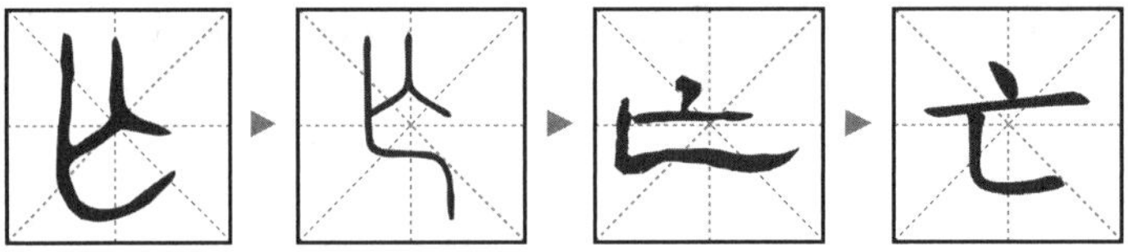

金文　小篆　隶书　楷书

【字义例释】

1. 逃亡；逃跑　2. 丢失；损失；消亡　3. 死亡；灭亡

4. 音 wú，通“无”，没有

将符合下列句子的释意填入括号中。

（1）天行有常，不为尧存，不为桀亡。（　　　）

（2）生之有时而用之亡度，则物力必屈。（　　　）

（3）今亡亦死，举大计亦死，等死，死国可乎？（　　　）

（4）馁不得食，亦终必亡已。（　　　）

文言·练一练

昔有愚人，适友人家，与主人共食，嫌淡而无味。主人既闻，乃益盐。食之，甚美，遂自念曰：“所以美者，缘有盐故。”薄暮至家，母已具食。愚人曰：“有盐乎？有盐乎？”母出盐而怪之，但见儿惟食盐不食菜。母曰：“安可如此？”愚人曰：“吾知天下之美味咸在盐中。”愚人食盐不已，味败，反为其患。

天下之事皆然，过则非惟无益，反害之。

——选自《百喻经》

1. 解释下列句中加点字的意思。

（1）适友人家（　　　）　　（2）母已具食（　　　）

2. 请将文中划线句子翻译成现代汉语。

____

____

3. 这则短文给你怎样的启示？用自己的话简要概括。

____

____

小练笔

孔子说“不践迹，亦不入于室”，你认为“前人的足迹”对我们成长的意义是什么？请谈谈你的看法。（100–200 字）

100

第十四篇 伯牛与子骞

课堂巩固

一、注音

1. 伯牛有疾（　　　），子问之，自牖（　　　）执其手，曰："亡（　　　）之，命矣（　　　）夫！斯（　　　）人也而有斯疾也！斯人也而有斯疾也！"

2. 鲁人为长府，闵（　　　）子骞（　　　）曰："仍旧贯（　　　），如之何？何必改作？"子曰："夫（　　　）人不言，言必有中。"

3. 季氏使闵子骞为费宰（　　　），闵子骞曰："善为我辞（　　　）焉。如有复我者，则吾必在汶（　　　）上矣。"

4. 子曰："孝哉闵子骞！人不间（　　　）于其父母昆（　　　）弟之言。"

二、原文句意理解

1."仍旧贯，如之何？何必改作？"中"仍"的意思是（　　　）。

A. 接连不断　　B. 副词，相当于"依然""还"

C. 一再；频繁　　D. 依照；沿袭

2."善为我辞焉"中"辞"的意思是（　　　）。

A. 告别　　B. 推却；不受　　C. 说；讲　　D. 审讯

3."人不间于其父母昆弟之言"中"间"的意思是（　　　）。

A. 空隙，动词，表示非难，批评，批判　　B. 除去

C. 参与　　D. 更迭；交替

三、释义与造句

言必有中

____

拓展：文言实词与理解

“益”字的演变过程

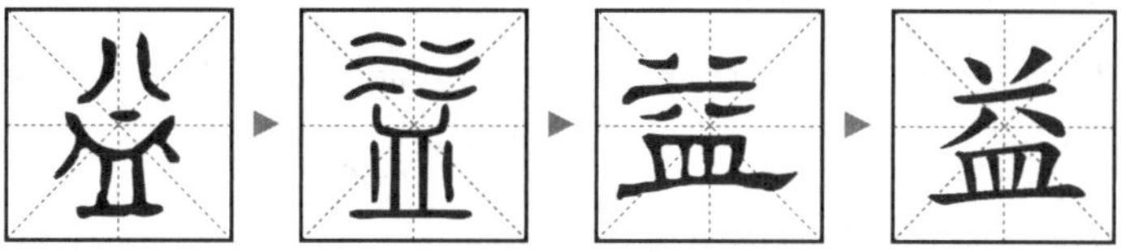

金文　小篆　隶书　楷书

【字义例释】

1. 表示水漫出来　2. 利益，好处　3. 更，更加　4. 增加　5. 渐渐地

将符合下列句子的释意填入括号中。

（1）所以动心忍性，增益其所不能（　　　）

（2）香远益清，亭亭净植（　　　）

（3）徒靡弹药，无益吾事（　　　）

（4）澭水暴益（　　　）

文言·练一练

黔（　　　）无驴，有好事者船载（　　　）以入。至则无可用，放之山下。虎见之，庞（　　　）然大物也，以为神，蔽（　　　）林间窥（　　　）之。稍出近之，慭慭然[①]，莫相知。

他日，驴一鸣，虎大骇（　　　），远遁（　　　）；以为且噬（　　　）己也，甚恐。然往来视之，觉无异能者；益习其声，又近出前后，终不敢搏（　　　）。稍近，益狎（　　　），荡倚（　　　）冲冒。驴不胜怒，蹄之。虎因喜，计之曰：“技止此耳！”因跳踉（　　　）大㘎，断其喉，尽其肉，乃去。

噫！形之庞也类有德，声之宏也类有能。向不出其技，虎虽猛，疑畏，卒不敢取。今若是焉，悲夫！

——选自唐代·柳宗元《黔之驴》

注释：①慭慭然：慭音 yìn，小心谨慎的样子。

1. 给文中空格处注音。

2. 解释下列句中加点字的意思。

（1）蔽林间而窥之（　　　）　（2）稍出近之（　　　）

（3）以为且噬己也（　　　）　（4）益习其声（　　　）

3. 用现代汉语写出文中画线句子的意思。

____

4. 成语“黔驴之技、黔驴技穷、庞然大物”均是由这则故事演化出来的成语，请运用三个成语，简洁地概括本文的故事内容。

____

____

小练笔

“虽有天下易生之物也，一日暴（pù）之，十日寒之，未有能生者也。”孟子这句话的意思是，即使是最容易生长的植物，晒一天，冻十天，也不可能生长。幼苗一暴十寒无法长成参天巨木，这对我们有什么警示呢？请谈谈你的感受。（100–200 字）

100

第十五篇 冉求与有若

课堂巩固

一、注音

1. 冉（　　）求曰：“非不说（　　）子之道，力不足也。”子曰：“力不足者，中道而废（　　）。今女（　　）画。”

2. 其为人也孝弟（　　），而好（　　）犯上者，鲜（　　）矣；不好犯上，而好作乱者，未之有也。

3. 有所不行，知和而和，不以礼节（　　）之，亦不可行也。

4. 信近于义，言可复也。恭（　　）近于礼，远（　　）耻（　　）辱（　　）也。因不失其亲，亦可宗（　　）也。

二、原文句意理解

1. “力不足者，中道而废。今女画。”中“画”的意思是（　　）。

A. 装饰，修饰　　B. 绘图；作图

C. 划定界限，停止前进　　D. 谋划；策划

2. “其为人也孝弟，而好犯上者，鲜矣。”中“鲜”的意思是（　　）。

A. 少，不多　　B. 独特

C. 鲜明；洁净　　D. 新鲜

3. “信近于义，言可复也”中“复”的意思是（　　）。

A. 重复；繁复　　B. 副词，相当于“又”“再”

C. 回归，还原　　D. 实践，履行

4. “恭近于礼，远耻辱也”中“远”的意思是（　　）。

A. 动词，使远离，避免　　B. 违背

C. 远方　　D. 超过；胜过

三、释义与造句

中道而废

____

____

拓展：文言实词与理解

“见”字的演变过程

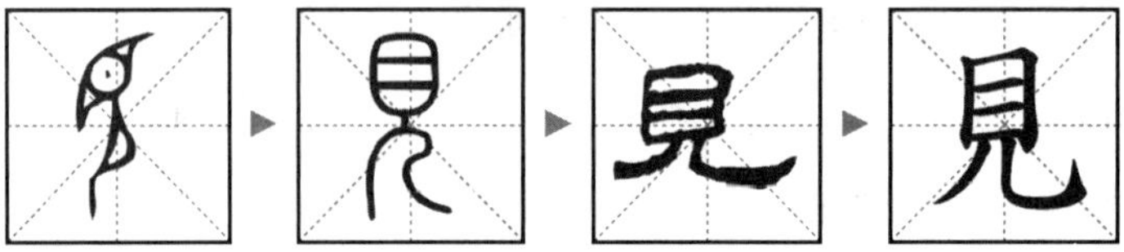

金文 小篆 隶书 楷书

【字义例释】

1. 看见 2. 接见，召见 3. 被，受 4. 通“现”，出现，显现 5. 见解，见识

将符合下列句子的释意填入括号中。

（1）何时眼前突兀见此屋。（　　　）

（2）见渔人，乃大惊，问所从来。（　　　）

（3）秦王坐章台见相如。（　　　）

（4）信而见疑，忠而被谤。（　　　）

（5）敢陈愚见。（　　　）

文言·练一练

楚庄王莅（　　　）政三年，无令发，无政为也。右司马御座而与王隐曰：“有鸟止南方之阜（　　　），三年不翅，不飞不鸣，嘿（　　　）然无声，此为何名？”王曰：“三年不翅，将以长羽翼（　　　）；不飞不鸣，将以观民则。虽无飞，飞必冲天；虽无鸣，鸣必惊人。子释（　　　）之，不穀知之矣。”处半年，乃自听政。所废者十，所起者九，诛（　　　）臣五，举处士六，而邦大治。举兵诛齐，败之徐州，胜晋于河雍（　　　），合诸侯于宋，遂（　　　）霸天下。庄王不为小害善，故有大名；不蚤（　　　）见示，故有大功。故曰：“大器晚成，大音希（　　　）声。”

——选自《韩非子·喻老》

1. 给文中空格处注音。

2. 用现代汉语写出文中画线句子的意思。

____

3. 右司马借鸟“不飞不鸣”的故事提醒楚庄王应当担起国君的责任，勤理朝政。你认为楚庄王是否理解了右司马的用意？为什么？

____

____

____

小练笔

孔子认为冉求在学问上不是能力不足，而是自己“画地为牢”。我们在学习中是不是也遇到过这样的问题呢？该怎么做出改变呢？请谈谈你的看法。

																			100

第十六篇 仁

课堂巩固

一、注音

1. 唯仁者能好（　　）人，能恶（　　）人。

2. 君子去仁，恶（　　）乎成名？君子无终食之间违（　　）仁，造次必于是，颠（　　）沛（　　）必于是。

3. 知者乐（　　）水，仁者乐（　　）山。

4. 子曰：“刚、毅（　　）、木、讷（　　）近仁。”

二、原文句意理解

1. “唯仁者能好人，能恶人”中“恶”的意思是（　　）。

A. 嫉妒　　B. 厌恶

C. 得罪　　D. 代词，表示反问，相当于“怎么”

2. “君子无终食之间违仁，造次必于是，颠沛必于是”中“造次”的意思是（　　）

A. 急促、仓促　　B. 轻率；随便

C. 善辩　　D. 片刻；须臾

3. “知者乐水，仁者乐山”中“乐”的意思是（　　）。

A. 乐趣　　B. 愉快；愉悦

C. 喜爱　　D. 奏乐

4. “刚、毅、木、讷近仁”中“近”的意思是（　　）。

A. 附近；空间距离小　　B. 接近

C. 浅显　　D. 追求；希求

三、释义与造句

当仁不让

____

____

拓展：文言实词与理解

“乐”字的演变过程

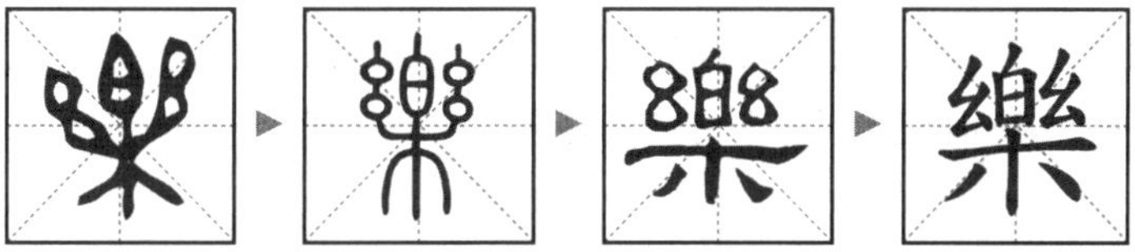

金文　小篆　隶书　楷书

【字义例释】

1. 愉悦；喜悦　2. 乐趣　3. 音 yào，动词，喜爱，欣赏　4. 乐器　5. 音乐

将符合下列句子的释意填入括号中。

（1）有朋自远方来，不亦乐乎。（　　　）

（2）乐者，天地之和也。（　　　）

（3）浮光跃金，静影沉璧，渔歌互答，此乐何极！（　　　）

（4）知者乐山，仁者乐水。（　　　）

文言·练一练

晋平公问于祁（　　　）黄羊曰：“南阳无令，其谁可而为之？”黄羊对曰：“解（　　　）狐可。”平公曰：“解狐非子之仇邪（　　　）？”对曰：“君问可，非问臣之仇也。”平公曰：“善。”遂（　　　）用之，国人称善焉。

居有间，平公又问祁黄羊曰：“国无尉（　　　），其谁可而为之？”对曰：“午可。”平公曰：“午非子之子耶？”对曰：“君问可，非问臣之子也。”平公曰：“善。”又遂用之，国人称善焉。

孔子闻之，曰："善哉，祁黄羊之论也！外举不避（　　　）仇，内举不避亲。祁黄羊可谓公矣。"

——选自《吕氏春秋》

1. 给文中空格处注音。

2. 解释下列句子中加点的词。

（1）其谁可而为之（　　　）　　　　（2）午非子之子耶（　　　）

3. 用现代汉语翻译下面的句子。

外举不避仇，内举不避亲。

____

____

4. 文中有一个字可以概括祁黄羊的品行，这个字是"__________"。

小练笔

孔子说："刚强、果敢、朴实、谨慎，具备这四种品德的人近于仁人。"请选择其中一种品德，谈谈你认为它宝贵在哪里？在生活当中，我们应该怎么去培养这样的品德。（100–200 字）

100

第十七篇 义

课堂巩固

一、注音

1. 子曰:“君子义以为质，礼以行之，孙（　　）以出之，信以成之。君子哉！”

2. 孔子曰:“君子有九思：视思明，听思聪，色思温，貌思恭（　　），言思忠，事思敬（　　），疑思问，忿（　　）思难（　　），见得思义。”

3. 子张问崇（　　）德辨（　　）惑，子曰:“主忠信，徙（　　）义，崇德也。爱之欲其生，恶（　　）之欲其死。既欲其生又欲其死，是惑也。‘诚不以富，亦祇（　　）以异’。”

4. 子曰:“非其鬼而祭（　　）之，谄（　　）也；见义不为，无勇也。”

二、原文句意理解

1.“君子义以为质”中“质”的意思是（　　）。

A. 抵押品；人质　　B. 质地、底子

C. 物质；事物　　D. 本质；以……为本

2.“君子喻于义，小人喻于利”中“喻”的意思是（　　）。

A. 告知；开导　　B. 比喻　　C. 通晓，明白　　D. 说明

3.“主忠信，徙义，崇德也”中“主”的意思是（　　）。

A. 主张　　B. 以……为主

C. 控制　　D. 主持；负主要责任

4.“视思明，听思聪，色思温”中“色”的意思是（　　）。

A. 脸色　　B. 容貌　　C. 景色　　D. 颜色

三、释义与造句

见义不为

____

____

拓展：文言实词与理解

“兴”字的演变过程

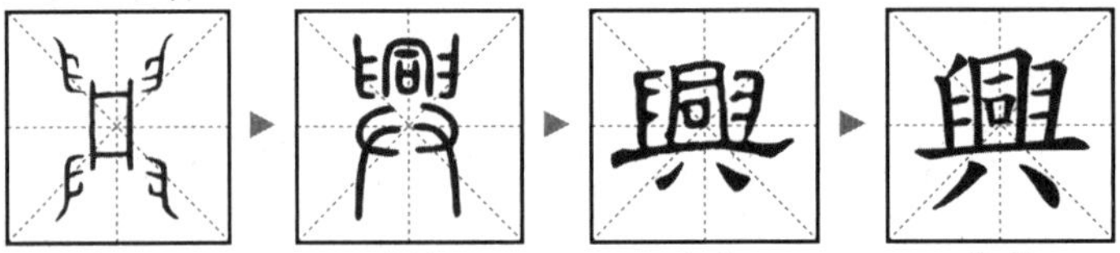

金文　小篆　隶书　楷书

【字义例释】

1. 兴盛，振兴　2. 兴办　3. 发动，调动

4. 音 xìng，兴趣，兴致。　5. 起，起来，兴起。

将符合下列句子的释意填入括号中。

（1）政通人和，百废具兴。（　　　　）

（2）兴尽悲来，识盈虚之有数。（　　　　）

（3）清风徐来，水波不兴。（　　　　）

（4）忧劳可以兴国，逸豫可以亡身。（　　　　）

（5）兴师伐秦。（　　　　）

文言 · 练一练

赵且伐（　　　　）燕，苏代为燕谓惠王曰：“今者臣来，过易水。蚌（　　　　）方出曝（　　　　），而鹬（　　　　）啄其肉，蚌合而箝其喙（　　　　）。鹬曰：‘今日不雨，明日不雨，即有死蚌！’蚌亦谓鹬曰：‘今日不出，明日不出，即有死鹬！’两者不肯相舍，渔者得而并禽（　　　　）之。今赵且伐燕，燕赵久相支，以弊（　　　）大众，臣恐强秦之为渔父也。故愿王之熟计之也！”惠王曰：“善。”乃止。

——选自《战国策》

1. 给文中空格处注音。

2. 解释下列句子中加点的词。

（1）蚌方出曝（　　　）　　（2）故愿王之熟计之也（　　　）

3. 用现代汉语翻译下面的句子。

两者不肯相舍，渔者得而并禽之。

____

____

4. 文中“鹬蚌”对应的国家是__________，“渔翁”对应的国家是__________。

5.“鹬蚌相争，渔翁得利”这个成语现在常用来比喻______________________________的现象。

小练笔

在《论语》中有许多关于在“义”与“利”之间抉择的名言，孔子曾说：“不义而富且贵，于我如浮云”，也曾说“见利思义，见危授命，久要不忘平生之言，亦可以为成人矣。”读了上面两句，你有怎样的感触与思考？在生活中，当“义”与“利”不可兼得的时候，我们应当做出怎样的选择？（100–200字）

100

第十八篇 礼

课堂巩固

一、注音

1. 曰："君子博学于文，约之以礼，亦可以弗畔（　　）矣夫！"

2. 孔子谓季氏："八佾（　　）舞于庭，是可忍也，孰（　　）不可忍也！"

3. 林放问礼之本，子曰："大哉问！礼，与其奢（　　）也，宁俭（　　）；丧，与其易也，宁戚（　　）。"

二、原文句意理解

1. "君子博学于文，约之以礼，亦可以弗畔矣夫"中"畔"的意思是（　　）。

A. 通"叛"，背叛；叛离　　B. 躲避

C. 通"叛"，违背；背离（正道）　　D. 离开

2. "回虽不敏，请事斯语矣"中"敏"的意思是（　　）。

A. 快速　　B. 聪敏；思想敏锐

C. 勤勉　　D. 努力

3. "是可忍也，熟不可忍也"中"是"的意思是（　　）。

A. 对；正确　　B. 凡是；任何

C. 指正确的结论　　D. 代词，此，这，这个

4. "丧，与其易也，宁戚"中"戚"的意思是（　　）。

A. 心中悲哀　　B. 心中愤怒

C. 心中欢欣　　D. 心中郁闷

三、释义与造句

克己复礼

拓展：文言实词与理解

“明”字的演变过程

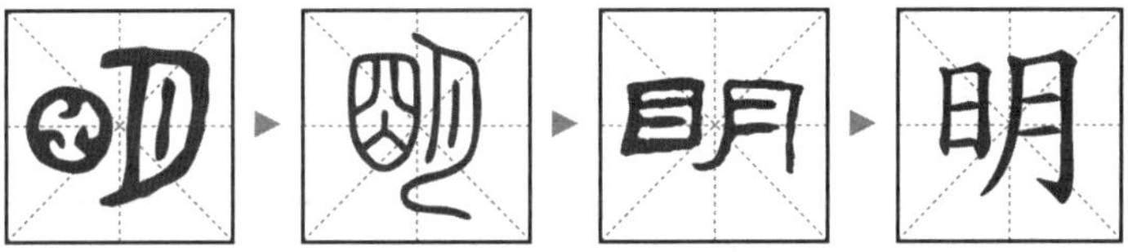

金文　小篆　隶书　楷书

【字义例释】

1. 照明　2. 明确　3. 英明，明智　4. 次，下一个（年、日）

5. 严明　6. 眼力，视力　7. 证明，阐明　8. 明亮 光亮

将符合下列句子的释意填入括号中。

（1）越明年，贫者自南海还。（　　　）

（2）及既上，苍山负雪，明烛天南。（　　　）

（3）智能之士思得明君。（　　　）

（4）以昭陛下平明之理。（　　　）

（5）左丘失明，厥有《国语》。（　　　）

（6）名实已明，而天下之理得矣。（　　　）

文言·练一练

陈胜者，阳城人也，字涉。吴广者，阳夏人也，字叔。陈涉少（　　　）时，尝与人佣耕，辍耕之垄上，怅恨久之，曰：“苟富贵，无相忘。”佣者笑而应曰："若为佣耕，何富贵也？"陈涉太息曰："嗟（　　　）乎！燕雀安知鸿鹄之志哉！"

二世（指秦二世时期）元年七月，发闾左適戍渔阳，九百人屯大泽乡。陈胜、吴广皆次当行（　　　），为屯长。会天大雨，道不通，度已失期。失期，法皆斩。……将尉醉，广故数言欲亡，忿恚尉，令辱之，以激怒其众。尉果笞广。尉剑挺，广起，夺而杀尉。陈胜佐之，并杀两尉。召令徒属曰："公等遇雨，皆已失期，失期当斩。藉第令毋斩，而戍死者固十六七。且壮士不死即已，死即举大名耳，王侯将相宁（　　　）有种乎！"

——选自司马迁《史记·陈涉世家》

1. 给文中空格处注音。

2. "燕雀安知鸿鹄之志哉"是什么意思？

____

3. 吴广素爱人，士卒多为用者，"素"的意思是____________________。

4. "王侯将相宁有种乎"的意思是什么？请写在下方横线上。

____

5. 这是发生在____________时期的农民起义事件。

小练笔

你认为自己可以做到"非礼勿视，非礼勿听，非礼勿言，非礼勿动"中的哪些呢？请谈一谈为什么要这么做。（100−200 字）

100

第十九篇 智

课堂巩固

一、注音

1. 子曰:“由，诲（　　）汝知之乎！知（　　）之为知之，不知为不知，是知（　　）也。”

2. 浸润之谮（　　），肤受之愬（　　），不行焉，可谓明也已矣。

3. 恶称（　　）人之恶者，恶居下流而讪（　　）上者，恶勇而无礼者，恶果敢而窒（　　）者。

4. 恶徼（　　）以为知（　　）者，恶不孙（　　）以为勇者，恶讦（　　）以为直者。

二、原文句意理解

1. “知之为知之，不知为不知，是知也”中“知”的意思是（　　）。

A. 同“志”，志气　　B. 同“智”，明智，智慧

C. 知觉；感觉　　D. 学问；见识

2. “不行焉，可谓明也已矣”中“明”的意思是（　　）。

A. 明智　　B. 明确　　C. 严明　　D. 透明

3. “恶居下流而讪上者”中“讪”的意思是（　　）。

A. 攻击　　B. 厌恶　　C. 诽谤　　D. 羞愧

4. “恶徼以为知者”中“徼”的意思是（　　）。

A. 揭发　　B. 通“缴”，纠缠

C. 激发，激励　　D. 窃取，抄袭

三、释义与造句

浸润之谮

____

____

拓展：文言实词与理解

“具”字的演变过程

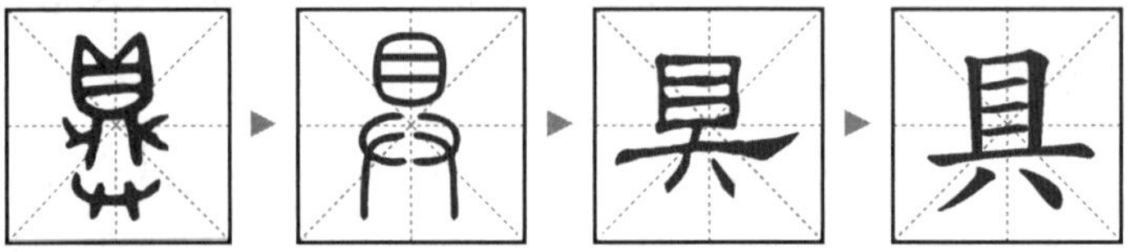

金文　小篆　隶书　楷书

【字义例释】

1. 饭食，酒肴　2. 具有，完备　3. 同“俱”，全部，都

4. 器具，工具，装备　5. 才能　6. 准备

将符合下列句子的释意填入括号中。

（1）问所从来，具答之。(　　　　)

（2）罔不因势象形，各具情态。(　　　　)

（3）为具牛酒饭食。(　　　　)

（4）食以草具。(　　　　)

（5）冯统曰：“钟会才具有限。”(　　　　)

（6）仲永生五年，未尝识书具。(　　　　)

文言·练一练

甘戊（　　　　）使于齐，渡大河，船人曰：“河水间耳，君不能自渡（　　　　），能为王者之说乎？”甘戊曰：“不然，汝不知也。物各有短长，谨愿敦厚，可事主，不施用兵；骐（　　　　）骥[1]（　　　　）騄駬，足及千里，置之官室，使之捕鼠，曾不如小狸[2]；干将[3]为利，名闻天下，匠（　　　）以治木，不如斤[4]斧（　　　）。今持楫（　　　）而上下随流，吾不如子；说千乘之君，万乘之主，子亦不如戊矣。”

——选自刘向《说苑·杂言》

注释： ①骐骥：指良马。②狸：狸子，也叫山猫。③干将：古代宝剑名。④斤：斧子一类的工具。

1. 给文中空格处注音。

2. 解释下列句子中加点的词。

（1）骐骥足及千里（　　　）　　（2）曾不如小狸（　　　）

3. 用现代汉语翻译下面的句子。

干将为利，名闻天下，匠以治木，不如斤斧。

____

____

4. 甘戊的一番话，说明了一个什么道理？（用原文语句回答）

____

____

小练笔

桃树、李树不会说话，但因其花朵美艳，果实可口，人们纷纷去摘取，于是便在树下踩出一条路来。

孔子说：“不患人之不已知，患其不能也。”桃树李树是怎么做到不担心别人不知道自己的呢？这对你有什么启发？（100-200 字）

第二十篇 信

课堂巩固

一、注音

1. 子曰：“人而无信，不知其可也。大车无輗（　　　），小车无軏（　　　），其何以行之哉。”

2. 曰：“言必信，行必果，硁（　　　）硁然小人哉，抑亦可以为次矣。”曰：“今之从政者何如？”子曰：“噫！斗筲（　　　）之人，何足算也！”

3. 子张问行，子曰：“言忠信，行笃（　　　）敬，虽蛮（　　　）貊（　　　）之邦行矣；言不忠信，行不笃敬，虽州里行乎哉？立则见其参于前也，在舆（　　　）则见其倚于衡（　　　）也，夫然后行。”子张书诸（　　　）绅（　　　）。

4. 主忠信，无（　　　）友不如已者。过则勿惮（　　　）改。

二、原文句意理解

1.“人而无信，不知其可也”中“而”的意思是（　　　）。

A. 连词，表示因果关系，“因而”　　B. 连词，表示递进关系，“而且”

C. 连词，表示假设关系，“如果”　　D. 连词，表示转折关系，“却”

2.“言忠信，行笃敬”中“笃”的意思是（　　　）。

A. 忠厚，忠实　　B. 牢固，坚实

C. 切实，确凿　　D. 丰厚，深厚

3.“君子不重则不威，学则不固”中“重”的意思是（　　　）。

A. 威重、威望　　B. 权力、权势　　C. 多；过分　　D. 庄重、自持

4.“主忠信，无友不如已者”中“无”的意思是（　　　）。

A. 没有　　B. 通“毋”，不要　　C. 无论　　D. 即使

三、释义与造句

过则勿惮改

____

____

拓展：文言实词与理解

“求”字的演变过程

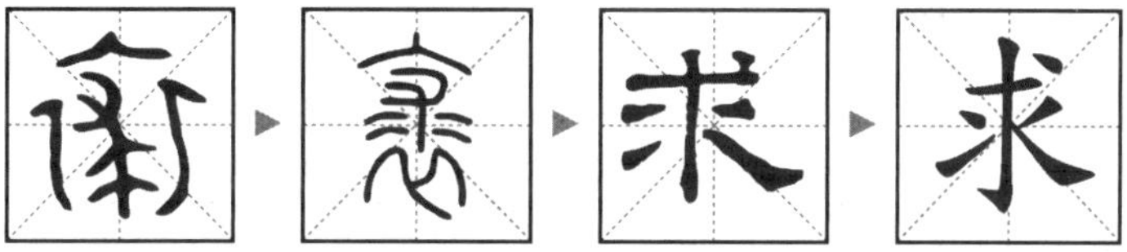

金文　　小篆　　隶书　　楷书

【字义例释】

1. 探求，追求　2. 要求　3. 请求　4. 谋求　5. 寻找，找到

将符合下列句子的释意填入括号中。

（1）予尝求古仁人之心。(　　　　)

（2）且欲与常马等不可得，安求其能千里也？(　　　　)

（3）烟涛微茫信难求。(　　　　)

（4）知我者谓我心忧，不知我者谓我何求。(　　　　)

（5）两家求合葬。(　　　　)

文言·练一练

范式字巨卿，少游学于太学[1]，与汝南[2]张劭为友。劭字元伯。二人并告[3]归乡里。式谓元伯曰：“后二年当还，将过[4]尊亲。”乃共克[5]期日。后期方至，元伯具以白[6]母，请设馔[7]以候之。母曰：“二年之别，千里结言，尔何敢信之诚也？”对曰：“巨卿信士，必不违约。”母曰：“若然，当为尔酿酒。”至其日，巨卿果到，升堂拜饮，尽欢而别。

——选自《后汉书》

注释：①太学：京城最高学府。 ②汝南：古地名，今河南省境内。③告：告假。 ④过：拜访。 ⑤克：约定。 ⑥白：告诉。⑦馔（zhuàn）：饭食。 ⑧升堂：登上大厅。

1. 解释下列句子中加点的词。

（1）式谓元伯曰：（　　　） （2）至其日（　　　）

2. 用现代汉语翻译下面的句子。

元伯具以白母，请设馔以候之。

______

______

3. 在张劭眼中，范式是怎样的一个人？（用原文语句回答）

______

______

4. 联系生活实际，谈谈本文给你怎样的做人启示。

______

______

小练笔

有个商人过河时船沉了掉进河里，有个渔夫听到求救声赶来。商人急忙喊：“我是济阳最大的富翁，你若能救我，给你一百两金子。”待被救上岸后，商人却翻脸不认账了。他只给了渔夫十两金子。渔夫责怪他不守信，出尔反尔。富翁说：“你一个打渔的，一生都挣不了几个钱，突然得十两金子还不满足吗？”渔夫只得怏怏而去。

后来那富翁又一次在原地翻船了。有人欲救，那个曾被他骗过的渔夫说：“他就是那个说话不算数的人！”于是商人淹死了。

这个小故事给你怎样的启发，请谈谈自己的看法。（100–200字）

																			100
																			200

第二十一篇 孝

课堂巩固

一、注音

1. 父在，观其志；父没（　　　），观其行（　　　）。

2. 孟懿（　　　）子问孝，子曰："无违（　　　）。"樊（　　　）迟御（　　　），子告之曰："孟孙问孝于我，我对曰'无违'。"

3. 子夏问孝，子曰："色难（　　　）。有事，弟子服其劳（　　　）；有酒食，先生馔（　　　），曾（　　　）是以为孝乎？"

4. 子曰："事父母几（　　　）谏（　　　），见志不从，又敬不违，劳而不怨（　　　）。"

二、原文句意理解

1."父没，观其行"中"行"的意思是（　　　）。

A. 运行　　B. 行为　　C. 前往　　D. 走路

2."曾是以为孝乎"中"曾"的意思是（　　　）。

A. 一直、从来　　B. 是、就　　C. 曾经　　D. 难道、竟然

3."事父母几谏"中"几"的意思是（　　　）。

A. 轻微、婉转　　B. 几乎　　C. 机会、日期　　D. 几次

4."游必有方"中"方"的意思是（　　　）。

A. 方形　　B. 方正、正直　　C. 方法、办法　　D. 一定的方向

三、释义与造句

劳而不怨

____

拓展：文言实词与理解

“食”字的演变过程

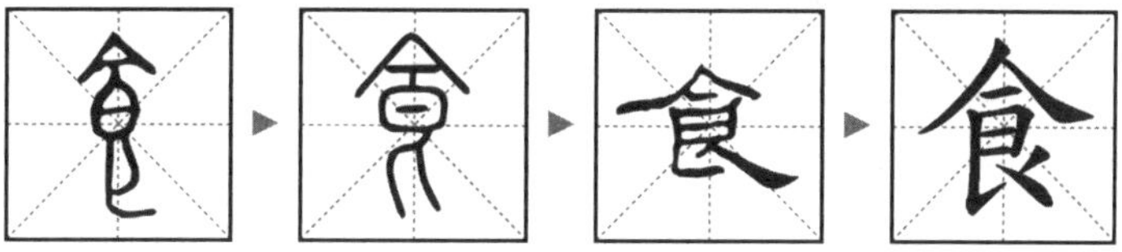

金文　小篆　隶书　楷书

【字义例释】

1. 吃，吃饭。　2. 食物，饭。　3. 音 sì，供养，给……吃。

4. 音 sì，饲养，喂养。

将符合下列句子的释意填入括号中。

（1）食马者不知其能千里而食也。（　　　　）

（2）卖炭得钱何所营？身上衣裳口中食。（　　　　）

（3）杀鸡为黍而食之。（　　　　）

（4）退而甘食其土之有。（　　　　）

文言·练一练

田子为相，三年归休[①]，得金百镒奉其母。母曰：“子安得此金？”对曰：“所受俸禄也。”母曰：“为相三年不食乎？治官如此，非吾所欲也。不义之物，不入于馆[②]。为人臣不忠，是为人子不孝也。子其去之。”田子愧惭走出，造[③]朝还金，退请就狱。王贤其母，说其义，即舍田子罪，令复为相，以金赐其母。

——选自《韩诗外传》

注释：①归休：休假回家。②馆：这里指“家”。③造：往，到。

1. 解释下列句子中加点的词。

（1）为相三年不食乎（　　　）　　（2）田子愧惭走出（　　　）

2. 用现代汉语翻译下面的句子。

子安得此金？

______

3.“治官如此，非吾所欲也。”句中的“欲”在文中指：

（1）______　（2）______

4.“田子愧惭走出，造朝还金，退请就狱”表现了田子怎样的品质？

______

______

小练笔

“百善孝为先”，一直以来“孝”都是我们所推崇的传统美德，民间也流传着许多关于孝敬父母的故事，比如虞舜大孝感天、子路百里负米、黄香扇枕温衾。你还知道哪些故事呢？请分享一则最令你印象深刻的关于“孝”的故事。（100–200 字）

100

第二十二篇 君子（一）

课堂巩固

一、注音

1. 质胜文则野（　　　　），文胜质则史（　　　　）。文质彬彬（　　　　），然后君子。

2. 君子欲讷（　　　　）于言而敏（　　　　）于行。

3. 君子坦荡荡（　　　　），小人长戚戚（　　　　）。

4. 君子怀德（　　　　），小人怀土；君子怀刑（　　　　），小人怀惠（　　　　）。

二、原文句意理解

1. “质胜文则野”中“野”的意思是（　　　　）。

A. 旷野　　B. 狂妄　　C. 荒凉　　D. 粗野

2. “君子欲讷于言而敏于行”中“讷”的意思是（　　　　）。

A. 生动　　B. 灵敏　　C. 健谈　　D. 迟钝

3. “小人长戚戚”中“戚戚”的意思是（　　　　）。

A. 愤怒的样子　　B. 忧虑的样子

C. 开心的样子　　D. 相亲的样子

4. “小人怀惠”中“惠”的意思是（　　　　）。

A. 仁爱　　B. 善良　　C. 私利　　D. 恩情

三、释义与造句

1. 文质彬彬

____

____

2. 君子不器

拓展：文言实词与理解

“师”字的演变过程

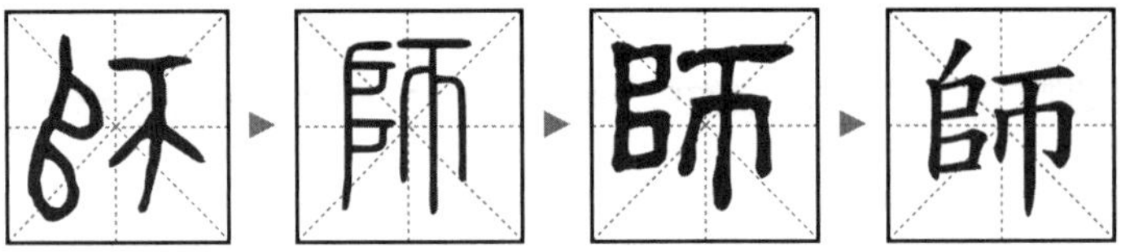

金文　　小篆　　隶书　　楷书

【字义例释】

1. 军队　2. 老师　3. 学习，效法　4. 指具有某种专长的人

5. 可借鉴或效法的对象

将符合下列句子的释意填入括号中。

（1）温故而知新，可以为师矣。(　　　　)

（2）而渔工水师虽知而不能言。(　　　　)

（3）前事之不忘，后事之师。(　　　　)

（4）吾师道也。(　　　　)

（5）齐师伐我。(　　　　)

文言·练一练

晋平公问于师旷曰：“吾年七十，欲学，恐已暮矣。”师旷曰：“何不炳①烛乎？”平公曰：“安有为人臣而戏其君乎？”师旷曰：“盲臣②安敢戏其君？臣闻之：少而好学如日出之阳；壮而好学，如日中之光；老而好学，如炳烛之明，孰与昧行③乎？”平公曰：“善哉！”

——选自刘向《说苑》

注释：①炳：点燃。 ②盲臣：师旷是一个盲人乐师，故自称“盲臣”。③孰与昧行：孰与，和……相比怎么样。昧行，在黑暗中摸索前进。

1. 解释下列句子中加点的词。

（1）晋平公问于师旷（ ） （2）安有为人臣而戏其君乎（ ）

2. 用现代汉语翻译下面的句子。

老而好学，如炳烛之明，孰与昧行乎？

____

3. 师旷连用三个比喻来形容“少”“壮”“老”三个人生阶段的学习，这些比喻能给我们带来怎样的启示？

____

____

小练笔

孔子眼中的君子是“君子怀德”，孟子眼中的君子是“君子所以异于人者，以其存心也。君子以仁存心，以礼存心。”，他们眼中的君子所具备的共同的特点是什么？（100–200字）

100

第二十三篇 君子（二）

课堂巩固

一、注音

1. 君子易事而难说（　　　）也。说之不以道，不说也；及其使人也，器（　　　）之。

2. 君子不可小知（　　　）而可大受（　　　）也。

3. 君子而不仁者有矣（　　　）夫（　　　）。

4. 在陈绝粮，从者病，莫能兴（　　　）。子路愠（　　　）见曰："君子亦有穷乎？"子曰："君子固穷，小人穷斯滥（　　　）矣。"

二、原文句意理解

1. "君子易事而难说也"中"说"的意思是（　　　）。

A. 劝告　B. 说服　C. 通"悦"，取悦　D. 解脱

2. "及其使人也，器之"中"器"的意思是（　　　）。

A. 才干　B. 器用　C. 器官　D. 器具

3. "从者病，莫能兴"中"兴"的意思是（　　　）。

A. 兴趣，兴致　B. 发动，调动　C. 振兴　D. 起，起来

4. "小人穷斯滥矣"中"滥"的意思是（　　　）。

A. 浮起，浮现　B. 过度　C. 胡作非为　D. 不合实际

三、释义与造句

穷斯滥矣

____

____

拓展：文言实词与理解

“止”字的演变过程

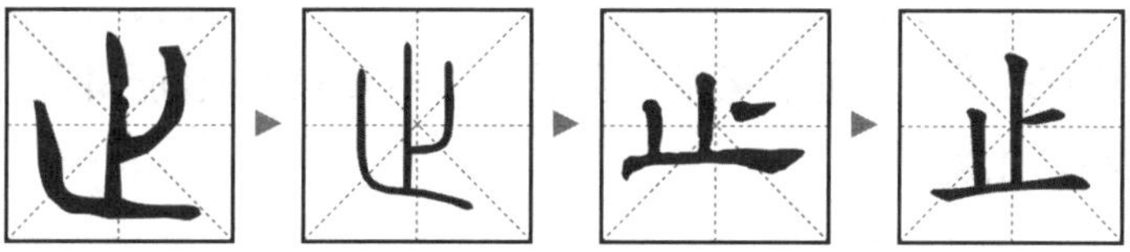
金文　小篆　隶书　楷书

【字义例释】

1. 同“趾”，脚　2. 停止　3. 阻止　4. 只、仅　5. 语气词

将符合下列句子的释意填入括号中。

（1）技止此耳！（　　　）

（2）高山仰止，景行行止。（　　　）

（3）一狼得骨止，一狼仍从。（　　　）

（4）河曲智叟笑而止之曰。（　　　）

（5）当斩左止者，笞五百。（　　　）

文言·练一练

惠子相梁①，庄子往见之。或谓惠子曰：“庄子来，欲代子相。”于是惠子恐，搜于国中三日三夜。庄子往见之，曰：“南方有鸟，其名为鹓雏②”，子知之乎？夫鹓雏发于南海，而飞于北海，非梧桐不止，非练实③不食，非醴泉④不饮。于是鸱⑤得腐鼠，鹓雏过之，仰而视之曰：‘吓⑥！’今子欲以子之梁国而吓我邪？”

——选自《庄子》

注释：①相梁：在梁国当宰相。②鹓雏（yuān chú）：传说中像凤凰一类的鸟。③练实：竹实，即竹子所结的子。④醴泉：甘泉，甜美的泉水。⑤鸱（chī）：猫头鹰。⑥吓（hè）：模仿鸱发怒的声音，下文的“吓”用作动词。

1. 解释下列句子中加点的词。

（1）或谓惠子曰（　　　）　　（2）非梧桐不止（　　　）

2. 用现代汉语翻译下面的句子。

今子欲以子之梁国而吓我邪？

____

3. 庄子是惠子的朋友。庄子来见，惠子不但不高兴，反而恐惧。惠子恐惧的原因是（用自己的话回答）：

____

____

4. 下列选项中，对文章内容理解不正确的一项是（　　　）

A. 庄子笔下的“鹓雏”是高贵与圣洁的象征。

B. “鸱得腐鼠”是庄子对惠子及相位的嘲讽。

C. “不止”“不食”“不饮”，是庄子暗示要与惠子绝交。

D. 庄子用生动形象的语言表达了自己对功名利禄的态度。

小练笔

什么样的人可以称其为“君子”？请举个例子，描述一个人，这个人可以是你身边的人，也可以是你所了解的名人，谈谈他 / 她的哪些作为让你认为他 / 她是当之无愧的君子。（100–200 字）

100

第二十四篇 君子（三）

课堂巩固

一、注音

1. 子曰："君子成人之美，不成人之恶（　　　）。小人反是。"

2. 子曰："君子泰（　　　）而不骄（　　　），小人骄而不泰。"

3. 子曰："君子求诸（　　　）己，小人求诸人。"

4. 孔子曰："君子有三畏（　　　）：畏天命，畏大人，畏圣人之言。小人不知天命而不畏也，狎（　　　）大人，侮（　　　）圣人之言。"

二、原文句意理解

1. "君子周而不比"中"比"的意思是（　　　）。

A. 勾结　　B. 能够相匹　　C. 等到　　D. 比如

2. "君子和而不同"中"同"的意思是（　　　）。

A. 和谐　　B. 和……一样　　C. 盲目附和　　D. 赞成；准许

3. "君子泰而不骄"中"泰"的意思是（　　　）。

A. 骄纵，傲慢　　B. 通达，舒泰　　C. 富裕　　D. 奢侈

4. "君子求诸己"中"诸"的意思是（　　　）。

A. 众，许多　　B. 代词，相当于"之"

C. 定语，相当于"其"　　D. 代词兼介词，"之于"

三、释义与造句

1. 周而不比

____

____

2. 成人之美

____

____

拓展：文言实词与理解

“作”字的演变过程

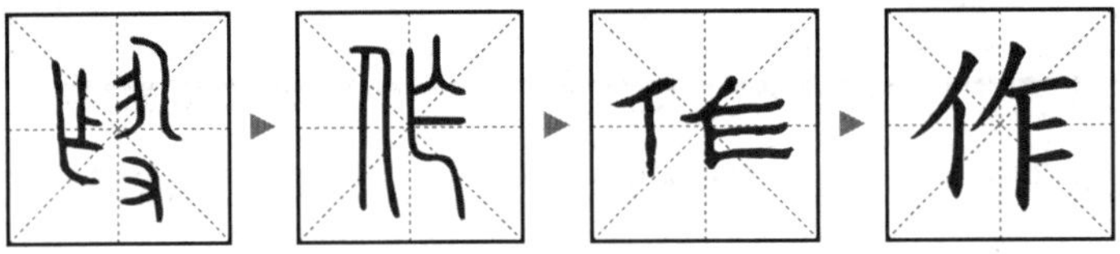

金文　小篆　隶书　楷书

【字义例释】

1. 起来，起身　2. 兴起，发生，振作　3. 开始　4. 建造
5. 创作，制作　6. 劳作，劳动　7. 做

将符合下列句子的释意填入括号中。

（1）天下大事，必作于细。（　　　）

（2）一鼓作气。（　　　）

（3）其中往来种作，男女衣着，悉如外人。（　　　）

（4）作亭者谁？（　　　）

（5）拊床而止之，既止复作。（　　　）

（6）属予作文以记之。（　　　）

（7）便要还家，设酒杀鸡作食。（　　　）

文言·练一练

后魏自太和迁都之后，国家殷富，库藏盈溢，钱绢露积于廊庑[①]间，不可校数。太后赐百官负绢，任意自量，朝臣莫不称力[②]而去。唯章武侯王融与陈留侯李崇负绢过任，蹶[③]倒伤踝。太后即不与之，令其空出。时人笑焉。侍中崔光止取两匹。太后问曰："侍中何少？"对曰："臣有两手，唯堪两匹，所获多矣。"朝贵服其清廉。

——选自《洛阳伽蓝经》

注释：①廊庑（wǔ）：堂前的屋子。②称力：尽力。③蹶（jué）：跌倒。

1. 解释下列句子中加点的词。

（1）库藏盈溢（　　　）　　　（2）侍中崔光止取两匹（　　　）

2. 用现代汉语翻译下面的句子。

太后即不与之，令其空出。

____

3. 根据朝臣与王融、李崇的不同行为及后果推断，太后所说的"任意自量"应是指（　　　）

A. 每个人可以不受约束地想拿多少拿多少。

B. 每个人可以自己思量究竟应该拿多少。

C. 每个人可以估计自己的力气能拿多少就拿多少。

D. 每个人可以根据官位的大小来决定到底拿多少。

4. 崔光的言行表明他是一个____________________的人。

小练笔

我们已经学习了三篇以"君子"为主题的《论语》，请结合我们学过的几则关于君子的《论语》，总结出三条君子为人处世的准则。（100-200 字）

第二十五篇 安贫乐道

课堂巩固

一、注音

1. 子曰:“君子食（　　）无求饱，居无求安，敏于事而慎（　　）于言，就有道而正焉，可谓好（　　）学也已。

2. 子曰:“士志于道，而耻恶（　　）衣恶食者，未足与议（　　）也。”

3. 饭疏（　　）食饮水，曲肱（　　）而枕（　　）之，乐亦在其中矣。

4. 笃（　　）信好学，守死善道，危邦（　　）不入，乱邦不居。天下有道则见（　　），无道则隐（　　）。

二、原文句意理解

1.“就有道而正焉”中“就”的意思是（　　）。

A. 谋求；求取　B. 成功；完成　C. 靠近、看齐　D. 能够

2.“富而可求也”中“而”的意思是（　　）。

A. 如果、若　B. 而且，并且　C. 因而　D. 但是

3.“饭疏食饮水”中“饭”的意思是（　　）。

A. 喂养　B. 吃　C. 含着　D. 食物

4.“天下有道则见”中“见”的意思是（　　）。

A. 遇到　B. 表现　C. 观察　D. 现身

三、释义与造句

1. 曲肱而枕

____

2. 笃信好学

拓展：文言实词与理解

“方”字的演变过程

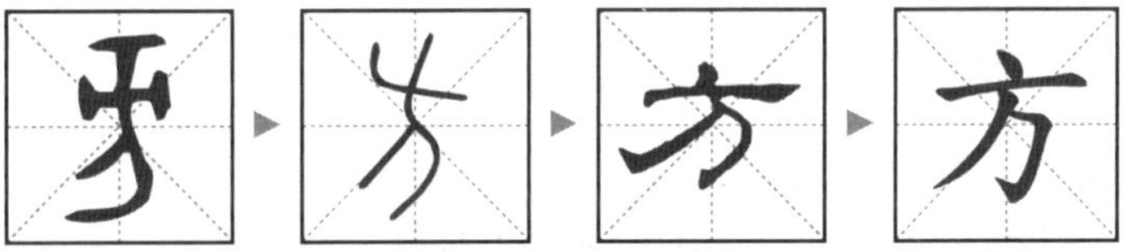

金文　小篆　隶书　楷书

【字义例释】

1. 方形　2. 方圆，见方　3. 方向，方位　4. 方法，办法，策略　5. 道理　6. 正，正在　7. 方正，正直　8. 方才，才

将符合下列句子的释意填入括号中。

（1）所谓伊人，在水一方。（　　　）

（2）半亩方塘一鉴开。（　　　）

（3）春蚕到死丝方尽。（　　　）

（4）可使有勇，且知方也。（　　　）

（5）如今人方为刀俎，我为鱼肉，何辞为？（　　　）

文言·练一练

范文正公仲淹少贫悴（　　　），依睢（　　　）阳朱氏家，常与一术者游。会术者病笃，使人呼文正而告曰：“吾善炼（　　　）水银为白金，吾儿幼，不足以付，今以付子。”即以其方与所成白金一斤封志①，内②文正怀中。文正方辞避（　　　），而术者气已绝。后十余年，文正为谏（　　　）官，术者之子长，呼而告之曰："尔父有神术，昔之死也，以汝尚幼，故俾[3]我收之；今汝成立，当以还汝。"出其方并白金授（　　）之，封识宛然。

——选自魏泰《东轩笔录》

注释：①封志：密封并做标记。 ②内：通"纳"，放入。 ③俾：使，让。

1. 给文中空格处注音。

1. 解释下列句子中加点的词。

（1）会术者病笃（　　）　　（2）出其方并白金授之（　　）

2. 用现代汉语翻译下面的句子。

以汝尚幼，故俾我收之；今汝成立，当以还汝。

____

3. 从"封识宛然"这个细节可以看出范仲淹是一个____________的人。

小练笔

陶渊明曾说"吾不能为五斗米折腰"，于是选择"采菊东篱下"的隐居生活，刘禹锡也曾身居陋室，坚持着"斯是陋室，惟吾德馨"的高洁，正如王勃写的"穷且益坚，不坠青云之志"。你认为是什么力量，让他们身处困境，仍然可以坚守本心？（100–200 字）

100

第二十六篇 为政之道

课堂巩固

一、注音

1. 子曰:“道（　　　）千乘（　　　）之国，敬事而信，节用而爱人，使民以时。”

2. 子曰:“为政以德，譬（　　　）如北辰（　），居其所而众星共（　　　）之。”

3. 子曰:“道之以政，齐之以刑（　　　），民免（　　　）而无耻，道之以德，齐之以礼，有耻且格（　　　）。”

4. 子张问政，子曰:“居（　　　）之无倦（　　　），行之以忠（　　　）。”

5. 叶公问政，子曰:“近者说（　　　），远者来。”

二、原文句意理解

1.“道千乘之国”中“道”的意思是（　　　）。

A. 说，讲述　　B. 实行

C. 以为　　D. 通“导”，引导之意

2.“居其所而众星共之”中“共”的意思是（　　　）。

A. 供给，供奉　　B. 恭敬

C. 同“拱”，环绕　　D. 一齐，在一起

3.“有耻且格”中“格”的意思是（　　　）。

A. 阻止　　B. 击打，格斗　　C. 抵御　　D. 纠正

4.“居之无倦”中“居”的意思是（　　　）。

A. 积蓄　　B. 居位

C. 安着，怀着……的心　　D. 住所

三、释义与造句

众星拱极

____

____

拓展：文言实词与理解

“云”字的演变过程

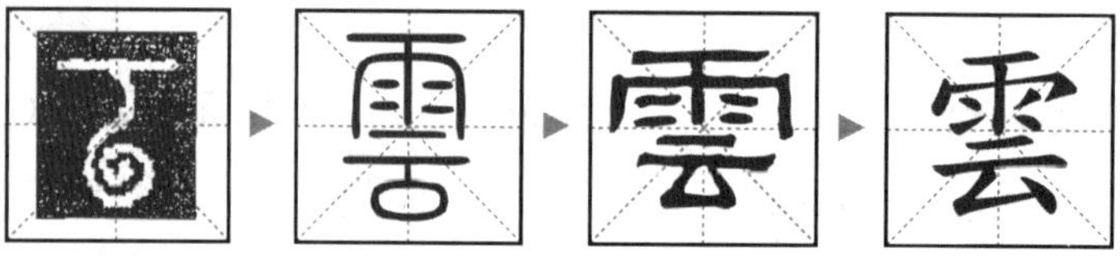

金文　小篆　隶书　楷书

【字义例释】

1. 云彩　2. 像云一样　3. 说　4. 有

5. 助词，用于句末，表示提顿，以引起下文

将符合下列句子的释意填入括号中。

（1）天下云集而响应。（　　　）

（2）此中人语云。（　　　）

（3）若夫日出而林霏开，云归而岩穴暝。（　　　）

（4）公之云感，贻此音翰。（　　　）

（5）曰“师”曰“弟子”云者。（　　　）

文言·练一练

孔子过泰山侧，有妇人哭于墓者而哀，夫子式①而听之，使子路问之，曰：“子之哭也，壹似②重有忧者。”而曰：“然。昔者吾舅③死于虎，吾夫又死焉，今吾子又死焉。”夫子曰：“何为不去也？”曰：“无苛政。”夫子曰：“小子识④之：

苛政猛于虎也。”

——选自《礼记》

注释：①式：通“轼”，车前的横木。这里作动词用，扶着横木。②壹似：很像。③舅：这里指丈夫的父亲，即公公。④识（zhì）：记住。

1. 解释下列句子中加点的词。

（1）孔子过泰山侧（　　　）　　（2）何为不去也（　　　）

2. 用现代汉语翻译下面的句子。

小子识之：苛政猛于虎也。

____

____

3. 根据文意，说说孔子为什么认为“苛政猛于虎”？

____

____

小练笔

在孔子看来，无论是修身还是治国，道德的力量都十分重要。为人要追求“君子怀德”，为政要追求“为政以德”。联系一下本篇的文言阅读《苛政猛于虎》，请想象一下，如果没有了道德的约束，我们的世界将会变成什么样呢？（100-200字）

100

第二十七篇 言语之道

课堂巩固

一、注音

1. 或曰："雍（　　）也仁而不佞（　　）。"子曰："焉用佞？御人以口给（　　），屡（　　）憎（　　）于人，不知其仁。焉用佞？"

2. 子曰："孟之反不伐（　　），奔而殿（　　），将（　　）入门，策（　　）其马曰：'非敢后也，马不进也。'"

3. 子曰：巧言令色，鲜（　　）矣仁！"

4. 孔子于乡党，恂恂（　　）如也，似不能言者。其在宗庙（　　）、朝廷，便便（　　）言，唯谨（　　）尔。

二、原文句意理解

1."雍也仁而不佞"中"佞"的意思是（　　）。

A. 有才能　　B. 能言善辩

C. 迷惑、困惑　　D. 沉迷

2."孟之反不伐"中"伐"的意思是（　　）。

A. 批评，抨击　　B. 抵触　　C. 征讨、攻打　　D. 自夸

3."巧言令色，鲜矣仁"中"鲜"的意思是（　　）。

A. 鲜美　　B. 鲜明；明洁

C. 少，非常少　　D. 独特

4."其在宗庙、朝廷，便便言"中"便便"的意思是（　　）。

A. 明白畅达　　B. 简单的，非正式的

C. 便利的　　D. 适当的

三、释义与造句

巧言令色

____

____

拓展：文言实词与理解

"余"字的演变过程

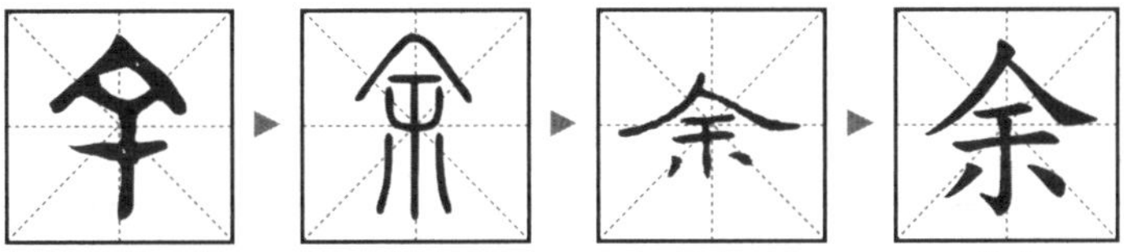

金文　小篆　隶书　楷书

【字义例释】

1. 我　2. 剩余，多余　3. 遗留，遗存　4. 其余的　5. 表示整数后不定的零数

将符合下列句子的释意填入括号中。

（1）此地空余黄鹤楼。（　　　　）

（2）余闻而愈悲。（　　　　）

（3）余人各复延至其家。（　　　　）

（4）一车炭，千余斤。（　　　　）

（5）子墨子之守国有余。（　　　　）

文言·练一练

俗以喜人面谀（　　　　）者曰："喜戴高帽。"有京朝官出仕于外者，往别其师。师曰："外官不易为（　　　　），宜慎（　　　　）之。"其人曰："某备有高帽一百，适①人辄（　　　　）送其一，当不至有所龃龉②。"师怒曰："吾辈直道事人，何须如此！"其人曰："天下不喜戴高帽如吾师者，能有几人

欤（　　　）？”师颔其首曰：“汝言亦不为无见。”其人出，语人曰：“吾高帽一百，今止存九十九矣。”

——选自俞樾《一笑》

注释：①适：遇到。　②龃龉（jǔ yǔ）：上下牙齿不齐，比喻意见不合，产生矛盾。

1. 给文中空格处注音。

2. 解释下列句子中加点的词。

（1）往别其师（　　　）　　　　（2）其人出，语人曰（　　　）

3. 用现代汉语翻译下面的句子。

天下不喜戴高帽如吾师者，能有几人欤？

____

4.“戴高帽”的意思是：

____

5. 文中给老师戴的高帽是：

____

小练笔

请联系我们学习过的内容，谈一谈孔子怎样看待“巧言令色”的人和“敏于事而慎于言”的人？你身边有没有“敏于事而慎于言”这样的人”？如果有，请讲一件关于他／她的事。（100-200 字）

100

第二十八篇 学习的态度（一）

课堂巩固

一、注音

1. 子曰："学而时习之，不亦说（　　）乎？有朋自远方来，不亦乐（　　）乎？人不知，而不愠（　　），不亦君子乎？"

2. 子曰："学而不思则罔（　　），思而不学则殆（　　）。

3. 子入太庙（　　），每事问。或曰："孰谓（　　）鄹（　　）人之子知礼乎？入太庙，每事问。"子闻之，曰："是礼也。"

4. 子曰："吾尝（　　）终日不食，终夜不寝（　　），以思，无益（　　），不如学也。"

二、原文句意理解

1. "学而时习之，不亦说乎"中"说"的意思是（　　）。

A. 说服，劝服　　B. 谈论，诉说

C. 通"悦"，高兴，愉快　　D. 言论，说法

2. "人不知，而不愠"中"愠"的意思是（　　）。

A. 燥热　　B. 怒，怨恨

C. 羞，害羞　　D. 愉悦

3. "学而不思则罔"中"罔"的意思是（　　）。

A. 忧愁，失意　　B. 无中生有

C. 蒙蔽，欺骗　　D. 迷惘

4. "就有道而正焉"中"正"的意思是（　　）。

A. 止，制止　　B. 匡正，端正

C. 决定，确定　　D. 治理

三、释义与造句

温故知新

____

____

拓展：文言实词与理解

“说”字的演变过程

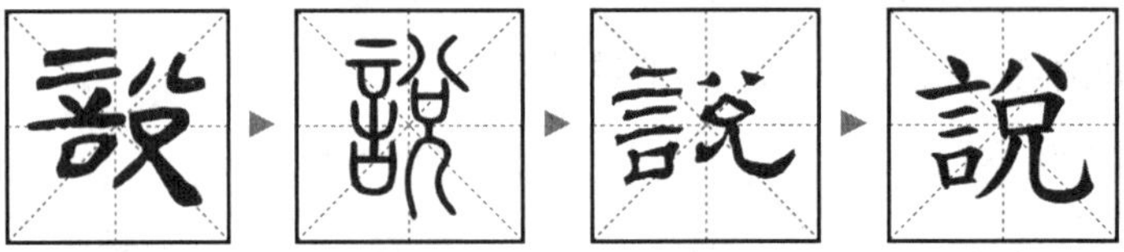

秦简　小篆　隶书　楷书

【字义例释】

1. 说明、解释　2. 讲，谈论，诉说　3. 言论，说法

4. 音 shuì，劝说，说服　5. 音 yuè，通“悦”，高兴，愉快

将符合下列句子的释意填入括号中。

（1）便纵有千种风情，更与何人说！（　　　）

（2）学而时习之，不亦说乎？（　　　）

（3）及郡下，诣太守，说如此。（　　　）

（4）或说处杀虎斩蛟。（　　　）

（5）辟邪说，难壬人，不为拒谏。（　　　）

文言 · 练一练

夫君子之行，静以修身，俭（　　　）以养德。非淡泊[①]（　　　）无以明志，非宁静无以致远。夫学须静也，才须学也，非学无以广才，非志无以成学。淫（　　　）慢[②]则不能励（　　　）精，险躁[③]（　　　）则不能治性。

年与时驰（　　），意与日去，遂成枯（　　）落，多不接世④，悲守穷庐（　　），将复何及！

——选自诸葛亮《诫子书》

注释：①淡泊：安静而不贪图功名利禄。②淫慢：放纵，懈怠。③险躁：狭隘浮躁，与上文“宁静”相对。④多不接世：意思是对社会没有任何贡献。接世，接触社会，对社会有益。

1. 给文中空格处注音。

2. 请摘录一处你喜欢的对偶句，并简述理由。

对偶句：____________________

理由：____________________

3. 作者认为，做人、治学要想成功就不能____________、不能____________。（用原文词语填空）

小练笔

读书患不多，思义患不明。患足己不学，既学患不行。

上面是韩愈《劝学诗》中的诗句，诗意是：读书怕不广博，故应“多读”；思考问题怕不明晰，故应“深思”；怕自己满足了不再学习，故应“虚心”；学习之后怕不付诸实践，故应“躬行”。

请结合我们学过的《论语》，思考一下韩愈诗中关于治学的观点，和孔子的哪些观点有相似之处？（100–200 字）

100

第二十九篇 学习的态度（二）

课堂巩固

一、注音

1. 子曰：“朝（　　　）闻道，夕死可矣。”

2. 子曰：“三人行（　　　），必有我师焉。择（　　　）其善者而从之，其不善者而改之。”

3. 子与人歌而善，必使反（　　　）之，而后和（　　　）之。

4. 子曰：“学如不及，犹（　　　）恐（　　　）失之。”

二、原文句意理解

1. “朝闻道”中“朝”的意思是（　　　）。

A. 早晨　　B. 日，天　　C. 朝着，对着　　D. 会聚

2. “三人行”中“行”的意思是（　　　）。

A. 离开，前往　　B. 运行　　C. 行走　　D. 推行

3. “子与人歌而善”中“善”的意思是（　　　）。

A. 友好，和善　　B. 擅长的　　C. 答应，同意　　D. 好，好的

4. “学如不及”中“及”的意思是（　　　）。

A. 到达　　B. 追赶上　　C. 推广　　D. 接近

三、释义与造句

1. 朝闻夕死

____

____

拓展：文言实词与理解

“善”字的演变过程

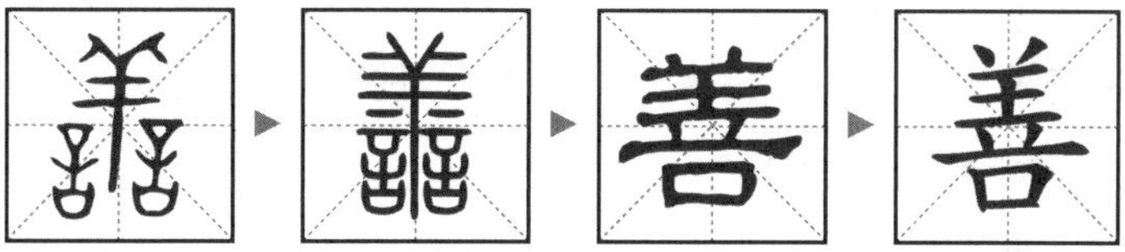

金文 小篆 隶书 楷书

【字义例释】

1. 好，好的，善良的　2. 好的行为，好的方法　3. 友好，亲善

4. 做好　5. 友好的，亲善的　6. 擅长，善于

7. 应答之词，表示同意　8. 通“缮”，修治

将符合下列句子的释意填入括号中。

（1）王曰：“善。”（　　　　）

（2）弈秋，通国之善弈者也。（　　　　）

（3）不如因而善遇之。（　　　　）

（4）积善成德，而神明自得，圣心备焉。（　　　　）

（5）工欲善其事，必先利其器。（　　　　）

（6）人无有不善。（　　　　）

（7）素善留侯张良。（　　　　）

（8）善刀而藏之。（　　　　）

文言·练一练

邴原少孤①，数岁时，过书舍而泣。师曰：“童子何泣？”原曰：“孤者易伤，贫者易感。夫书者，凡得学者，有亲也。一则羡其不孤，二则慕其得学，中心②感伤，故泣耳。”师恻然曰：“欲书可耳！”原曰：“无钱资。”师曰：“童子苟有志，吾徒相教，不求资也。”于是遂就书。一冬之间，诵《孝经》

《论语》。

——选自李贽《初潭集》

注释：①孤，幼而无父。 ②中心：内心深处。

1. 解释下列句子中加点的词。

（1）孤者易伤（　　　）　　（2）凡得学者（　　　）

2. 用现代汉语翻译下面的句子。

童子苟有志，吾徒相教，不求资也。

____

3. 邴原的心情可以这样概括：因__________而__________。（各用一个词语）

小练笔

“三人行，必有我师焉。择其善者而从之，其不善者而改之。”

我们每个人一定会有自己擅长的领域，也有自己不敏感的技能。因此，为了完善自己的学识和能力，我们要学会向擅长之人请教。请谈一谈，你从身边其他人身上学到过什么？你身上有什么值得他人学习的地方？（100-200 字）

100

第三十篇 反省改过（一）

课堂巩固

一、注音

1. 曾子曰：“吾日三省（　　　　）吾身。为人谋（　　　　）而不忠乎？与朋友交而不信乎？传（　　　　）不习乎？”

2. 子曰：“已矣乎！吾未见（　　　　）能见其过而内自讼（　　　　）者也。”

3. 子曰：“见贤思齐（　　　　）焉，见不贤而内自省（　　　　）也。”

4. 子夏说：“小人之过也必文（　　　　）。”

二、原文句意理解

1.“吾日三省吾身”中“省”的意思是（　　　　）。

A. 醒悟，觉醒　　B. 观看；阅读　　C. 视察；察看　　D. 反省

2.“不重则不威”中“重”的意思是（　　　　）。

A. 庄重，自持　　B. 厚重，浓厚　　C. 权势，权力　　D. 谨慎

3.“吾未见能见其过而内自讼者也”中“讼”的意思是（　　　　）。

A. 争辩　　B. 批评　　C. 歌颂　　D. 打官司

4.“小人之过也必文”中“文”的意思是（　　　　）。

A. 记录　　B. 有文采　　C. 掩饰　　D. 美德

三、释义与造句

三省吾身

____

____

拓展：文言实词与理解

“遗”字的演变过程

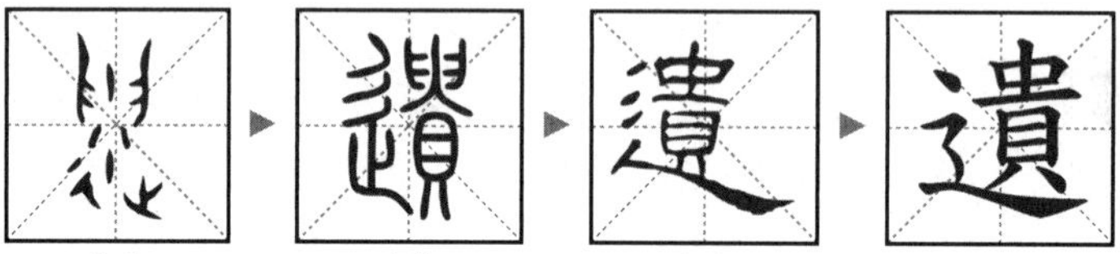
金文　小篆　隶书　楷书

【字义例释】

1. 遗失，丢失，忘记　2. 遗留，留下　3. 遗漏，忽略　4. 丢失的东西
5. 舍弃，离开　6. 死者留下的　7. 音 wèi，赠送，送给

将符合下列句子的释意填入括号中。

（1）涂不拾遗。（　　）
（2）小学而大遗。（　　）
（3）秦无亡矢遗镞之费。（　　）
（4）瞻顾遗迹，如在昨日。（　　）
（5）诚宜开张圣听，以光先帝遗德。（　　）
（6）留待作遗施。（　　）
（7）飘飘乎如遗世独立，羽化而登仙。（　　）

文言·练一练

杨震迁东莱太守。当之郡（　　），道经昌邑（　　）。故所举荆（　　）州茂才①王密为昌邑令，谒（　　）见，至夜怀金②十斤以遗（　　）震。震曰：“故人知君，君不知故人，何也？”密曰：“暮夜无知者。”震曰：“天知，神知，我知，子知。何谓无知者！”密愧（　　）而出。

——选自司马光《资治通鉴》

注释：①茂才：即秀才，东汉时为了避讳光武帝刘秀的名字，将秀才改为茂才，后来有时也称秀才为茂才。 ②金：古代的一种货币。

1. 给文中空格处注音。

2. 解释下列句子中加点的词。

（1）杨震迁东莱太守（　　　）

（2）故所举荆州茂才王密为昌邑令（　　　）

3. 从文中可以看出杨震是一个________________的人。

4. 杨震所说的“四知”已成为佳话美谈。从中我们可以得到什么启示？

____

____

小练笔

古人言：金无足赤，人无完人。孟子曾说过：“行有不得者皆反求诸己”。意思是说，我们做事如果没有成功，应当马上从自己身上找原因。世界上没有十全十美的人，更找不到没有犯过错误的人。你是否也做过一些不对的事或者犯过什么错？当时的你是否进行了反省？之后你又是怎么改过的呢？（100–200 字）

100

第三十一篇 反省改过（二）

课堂巩固

一、注音

1. 子曰：“丘也幸（　　　），苟（　　　）有过，人必知（　　　）之。”

2. 宰（　　　）予昼（　　　）寝（　　　），子曰：“朽（　　　）木不可雕（　　　）也，粪（　　　）土之墙不可杇（　　　）也，于予与何诛（　　　）！”

3. 过也，人皆（　　　）见之；更（　　　）也，人皆仰（　　　）之。

二、原文句意理解

1.“君子不党”中“党”的意思是（　　　）。

A. 结成朋党　B. 知晓；解悟　C. 偏私；偏袒　D. 正直

2.“君取于吴”中“取”的意思是（　　　）。

A. 攻取　B. 同“娶”，娶妻

C. 捕捉　D. 拿

3.“于予与何诛”中“诛”的意思是（　　　）。

A. 责备，批评　B. 杀死　C. 索取　D. 责罚

4.“人皆仰之”中“仰”的意思是（　　　）。

A. 抬头看　B. 服从　C. 敬慕　D. 依靠

三、释义与造句

朽木不雕

____

____

拓展：文言实词与理解

“取”字的演变过程

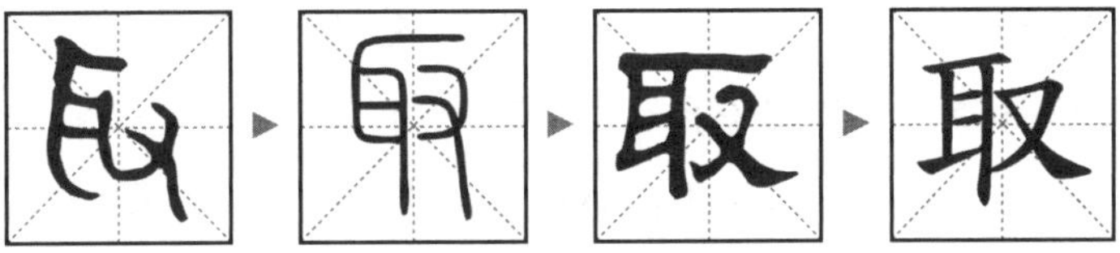

金文　小篆　隶书　楷书

【字义例释】

1. 割取　2. 捕捉，捉拿　3. 拿　4. 求　5. 攻取　6. 提取，选取　7. 开辟　8. 通“娶”

将符合下列句子的释意填入括号中。

（1）青，取之于蓝，而青于蓝。（　　　）

（2）伐竹取道，下见小潭，水尤清冽。（　　　）

（3）取彼狐狸，为公子裘。（　　　）

（4）获者取左耳。（　　　）

（5）乃取一葫芦置于地。（　　　）

（6）南取汉中，西举巴蜀。（　　　）

（7）终老不复取。（　　　）

文言·练一练

赵孝成王德①公子之矫②夺晋鄙（　　　）兵而存赵，乃与平原君计，以五城封公子。公子闻之，意骄矜（　　　）而有自功之色。客有说公子曰：“物有不可忘，或有不可不忘。夫人有德于公子，公子不可忘也；公子有德于人，愿公子忘之也。且矫（　　　）魏王令，夺晋鄙兵以救赵，于赵则有功矣，于魏则未为忠臣也。公子乃自骄而功之，窃（　　　）为公子不取也。”于是公子立自责，似若无所容者。

——选自司马迁《史记》

注释：①德：感恩。 ②矫：假传命令。

1. 给文中空格处注音。

2. 解释下列句子中加点的词。

（1）乃与平原君计（　　　） （2）公子乃自骄而功之（　　　）

3. 用现代汉语翻译下面的句子。

夫人有德于公子，公子不可忘也；公子有德于人，愿公子忘之也。

____

4. “公子闻之”的“之”指代的是______________________________；

“自骄而功之”的“之”指代的是______________________________。

5. “客”的话能给我们什么样的启示？

____

____

小练笔

子曰：“丘也幸，苟有过，人必知之”——《述而第七》第 31 则

夫以铜为镜，可以正衣冠；以史为镜，可以知兴替；以人为镜，可以明得失。

——《旧唐书·魏徵传》

当魏徵“直言犯上”向李世民提建议时，李世民没有怪罪他，相反在魏徵死后还将其置于“凌烟阁”功臣之列。

孔子会因为别人指出来自己的错误而感到幸运；李世民认为用人当镜子，可以发现自己的对错。你觉得当别人给你提意见时，你应当怎么做呢？（100 字）

第三十二篇 识人辨事（一）

课堂巩固

一、注音

1. 子曰：“视其所以，观其所由（　　），察（　　）其所安，人焉廋（　　）哉？人焉廋哉？”

2. 子曰：“晏（　　）平仲（　　）善与人交，久而敬（　　）之。”

3. 子贡问友，子曰：“忠告而善道之，不可则止（　　），毋（　　）自辱（　　）也。”

4. 子游曰：“事君数（　　），斯辱（　　）矣；朋友数，斯疏（　　）矣。”

5. 子曰：“君子矜（　　）而不争，群（　　）而不党。”

二、原文句意理解

1.“视其所以”中“以”的意思是（　　）。

A. 行为　　B. 原因　　C. 目的　　D. 依据

2.“乡人皆好之”中“好”的意思是（　　）。

A. 讨好　　B. 方便　　C. 称赞　　D. 友爱，和睦

3.“事君数”中“数”的意思是（　　）。

A. 责备　　B. 考察　　C. 急促　　D. 屡次

4.“君子矜而不争”中“矜”的意思是（　　）。

A. 怜悯　　B. 自尊　　C. 庄重　　D. 自夸

三、释义与造句

矜而不争

____

拓展：文言实词与理解

“比”字的演变过程

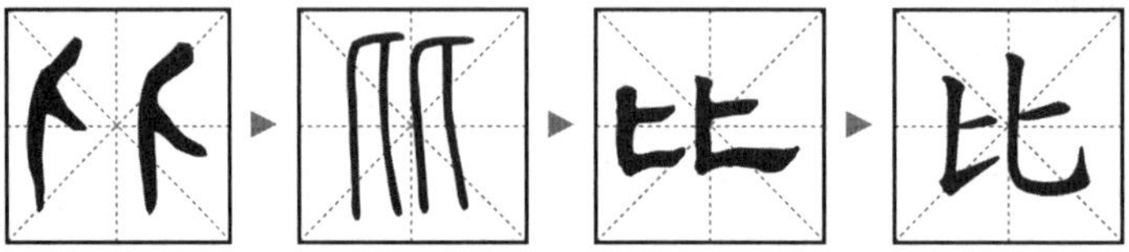

金文　小篆　隶书　楷书

【字义例释】

1. 靠近，挨着　2. 相比……，比起……　3. 等到　4. 比喻，比拟　5. 及，等到

将符合下列句子的释意填入括号中。

（1）欲把西湖比西子，淡妆浓抹总相宜。（　　　）

（2）其两膝相比，各隐卷底衣褶中。（　　　）

（3）比至陈，车六七百乘，骑千余。（　　　）

（4）今虽死乎此，比吾乡邻之死则已后矣，又安敢毒耶？（　　　）

（5）比至南郡，而琮已降。（　　　）

文言·练一练

张尚书[①]之万，畜（　　　）一红马，甚神骏（　　　），尝日行千里，不喘（　　　）不吁（　　　）。有军人见而爱之，遣（　　　）人来买，公不许。固请，之万无奈，遂牵而去。未几，马送回，之万怪之，询（　　　）其故，曰：“方乘，遂为掀（　　　）下，连易数人，皆掀坠（　　　）。此乃劣（　　　）马，故退之。”之万求之不得，遂退金收马。比公乘之，驯（　　　）良如故，盖此马愿从主也。

——选自陈其元《庸闲斋笔记》

注释：①尚书：官职名称。

1. 给文中空格处注音。

2. 解释下列句中加点的字。

A. 公不许（　　　）　　　　B. 连易数人（　　　）

C. 比公乘之（　　　）

3. 用现代汉语翻译下面的句子。

比公乘之，驯良如故。

____

4. 军人认为这是一匹劣马的原因是（用文中语句回答）：

____

5. 这则故事告诉我们的道理是（　　　）

A. 要善于识别和培养人才。

B. 不仅要有识别人才的眼光，还要学会用人。

C. 用正确的方法才能驾驭千里马。

D. 要善于发现人才。

小练笔

老子在《道德经》里说："知人者智，自知者明。"自我认知比认知他人更有智慧。你能够正确地认识自己吗？请思考并谈一谈，"我"是一个什么样的人？"我"身上有什么特点？"我"的长处是什么？"我"的不足之处是什么？（100–200 字）

100

第三十三篇 识人辨事（二）

课堂巩固

一、注音

1. 子曰："君子不以言举（　　）人，不以人废（　　）言。"

2. 子曰："道不同，不相为谋（　　）。"

3. 孔子曰："益（　　）者三友，损（　　）者三友。友直、友谅（　　）、友多闻，益矣。友便（　　）辟（　　）、友善柔、友便佞（　　），损矣。"

4. 子曰："巧言、令色、足恭（　　），左丘明耻（　　）之，丘亦耻之。匿（　　）怨而友其人，左丘明耻之，丘亦耻之。"

二、原文句意理解

1. "君子不以言举人"中"举"的意思是（　　）。

A. 列举　B. 举起　C. 推举　D. 攻取

2. "道不同，不相为谋"中"为"的意思是（　　）。

A. 做，做事　B. 变成　C. 治理　D. 帮助

3. "友直、友谅、友多闻"中"谅"的意思是（　　）。

A. 宽恕　B. 诚信　C. 推想　D. 谅解

4. "习相远也"中"习"的意思是（　　）。

A. 通晓，熟悉　B. 练习，钻研

C. 后天的习惯　D. 训练

三、释义与造句

泰而不骄

____

拓展：文言实词与理解

“举”字的演变过程

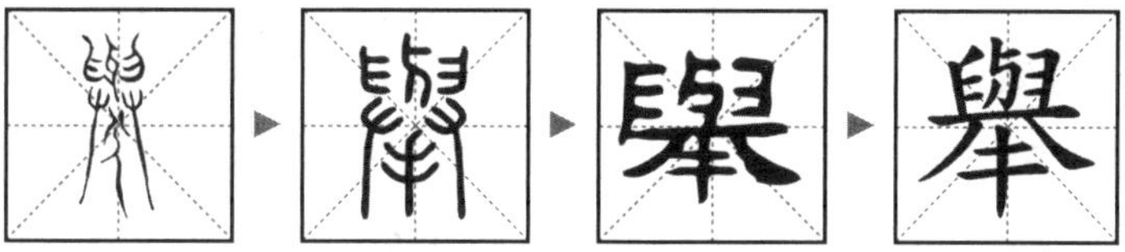

金文　小篆　隶书　楷书

【字义例释】

1. 举起，抬起。 2. 举出，列举。 3. 推荐，推举。 4. 攻取，占领。
5. 发动，调动，举行，实行。 6. 全，都，整个。 7. 拿，用。 8. 成功。

将符合下列句子的释意填入括号中。

（1）举世混浊我独清。（　　　　）

（2）举头望明月，低头思故乡。（　　　　）

（3）舜发于畎亩之中，傅说举于版筑之间。（　　　　）

（4）今亡亦死，举大计亦死。（　　　　）

（5）举一隅不以三隅反，则不复也。（　　　　）

（6）吾不能举全吴之地，十万之众，受制于人。（　　　　）

（7）戍卒叫，函谷举。（　　　　）

文言·练一练

王端毅公恕（　　　　），初知扬州，折狱[1]（　　　　）咸得其情。有一老妇尝诬（　　　　）邻人为盗，公阅其赃（　　　　），有二裙（　　　　），一宽而长，一短而窄。老妇谓其子妇之裙，其邻谓其嫂与妻之裙。公诘（　　　　）老妇曰：“尔一人之裙，讵[2]宜有长短广狭（　　　　）不同耶？”遂明其非盗。有二人争牛，公绐[3]之曰：“一牛而二人争之，吾将焉归？盍[4]以入官？”命左右拽出之，其一人默然，一人喧（　　　）争不已。公以与争者，曰：“此己物也，故吝（　　　）惜如此。”人称公为神明云。

——选自焦竑《玉堂丛语》

注释：① 折狱：审判案件。 ②讵（jù）：岂，难道。 ③绐（dài）：欺骗。 ④盍：何不。

1. 给文中空格处注音。

2. 解释下列句子中加点的词。

（1）初知扬州（　　　）　　（2）公以与争者（　　　）

3. 用现代汉语翻译下面的句子。

命左右拽出之，其一人默然，一人喧争不已。

____

4. 文中记叙了两件事情，都紧扣______________________这句话。

小练笔

你怎么理解孔子所说的“益者三友”，即“友直”“友谅”“友多闻”？它们具体代表了什么品质？除了这些，你认为益友还应当具备哪些品质？（100—200 字）

第三十四篇 自信幽默（一）

课堂巩固

一、注音

1. 或谓孔子曰:“子奚（　　　）不为政？”子曰:“《书》云:‘孝乎惟（　　　）孝，友于兄弟。’施（　　　）于有政，是亦为政，奚其为为政？”

2. 子曰:“事君尽（　　　）礼，人以为谄（　　　）也。”

3. 子谓仲弓，曰:“犁（　　　）牛之子骍（　　　）且角（　　　）。虽欲勿（　　　）用，山川其舍诸（　　　）？”

4. 天之将丧（　　　）斯文也，后死者不得与（　　　）于斯文也；天之未丧斯文也，匡（　　　）人其如予（　　　）何？

二、原文句意理解

1.“施于有政”中“施”的意思是（　　　）。

A. 施加　　B. 实行，推行　　C. 给予　　D. 延及

2.“事君尽礼”中“事”的意思是（　　　）。

A. 从事，做　　B. 任用

C. 侍奉，服务　　D. 治理；办理

3.“山川其舍诸”中“其”的意思是（　　　）。

A. 将，将要　　B. 也许，大概

C. 难道，怎么会　　D. 当，可以

4.“文王既没”中“没”的意思是（　　　）。

A. 隐藏，消失　　B. 同“殁”，死去

C. 不曾，未　　D. 财物收归公有，没收

三、释义与造句

犁牛之子

____

____

拓展：文言实词与理解

“尽”字的演变过程

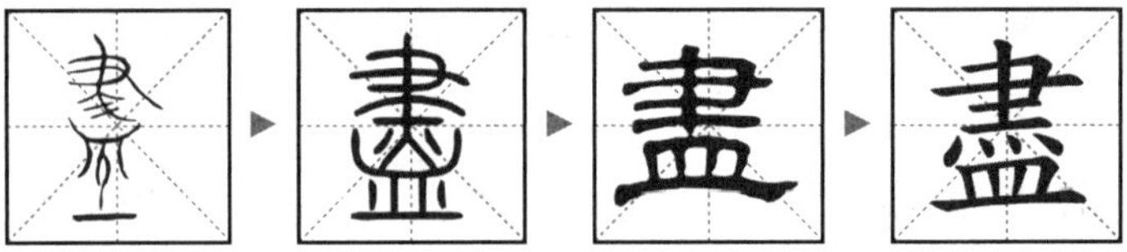

金文　小篆　隶书　楷书

【字义例释】

1. 完，没有了　2. 竭尽，全部用出　3. 达到极点　4. 全部　5. 死

将符合下列句子的释意填入括号中。

（1）竭忠尽智，以事其君。（　　　　）

（2）珍宝尽有之。（　　　　）

（3）退而甘食其土之有，以尽吾齿。（　　　　）

（4）子谓韶尽美矣，又尽善也。（　　　　）

（5）转侧床头，惟思自尽。（　　　　）

文言·练一练

陆宅之善谑①。每语人曰：“吾甚爱东坡。”或问曰：“东坡有文，有赋，有诗，有字，有东坡巾②，君所爱何居？”陆曰：“吾甚爱一味东坡肉③。”闻者大笑。

——选自浮白斋主人《雅谑》

注释：①谑：开玩笑。 ②东坡巾：头巾名，又名乌角巾，相传为苏东坡所戴，故名东坡巾。 ③东坡肉：又名滚肉、东坡焖肉，是江南地区特色传统名菜，相传为苏东坡所创制。

1. 解释下列句子中加点的词。

（1）陆宅之善谑（　　　）　　　　（2）每语人曰（　　　）

2. “闻者大笑”充分体现了________________。（用文中原句回答）

3. 从“吾甚爱一味东坡肉”这句回答，可以看出陆宅之是一个________________的人。

小练笔

“子畏于匡”一则论语发生的背景是，孔子将要到陈国去，经过一个叫匡的地方，孔子被匡人误认为曾经残害过匡人的鲁国人阳虎，因此大批匡人围困孔子及其弟子一行人多日，其间围攻孔子也越来越急，弟子们都很害怕。面对如此危险的境地，孔子依然十分镇定，因为他坚信自己是周文王之后维护周代礼乐制度的继承者，因此不会受困于此。

孔子的自信，已经超越了身体和环境，直接上承于天，完成的是上天赋予自己的使命。这份自信的力量有没有触动到你？请你谈一谈“自信”的品质能带给你什么？（100-200 字）

																			100

第三十五篇 自信幽默（二）

课堂巩固

一、注音

1. 子欲居九夷（　　　）。或曰：“陋（　　　），如之何？”子曰：“君子居之，何陋之有？”

2. 子曰：“吾自卫反鲁，然后乐（　　　）正，《雅》《颂》各得其所（　　　）。”

3. 子曰：“苟有用我者，期（　　　）月而已可也，三年有成。”

4. 子之武城，闻弦（　　　）歌之声。夫子莞（　　　）尔而笑，曰：“割（　　　）鸡焉用牛刀？”子游对曰：“昔者偃（　　　）也闻诸夫子曰：‘君子学道则爱人，小人学道则易使也。’”

二、原文句意理解

1. “子欲居九夷”中“欲”的意思是（　　　）。

A. 将要　　B. 想要，希望

C. 需要　　D. 爱好；喜爱

2. “然后乐正”中“正”的意思是（　　　）。

A. 整理　　B. 正直，正派　　C. 正当；合适　　D. 整治

3. “子之武城”中“之”的意思是（　　　）。

A. 代词，“这”“那”　　B. 往，前往，朝某方向走

C. 助词，表示领属关系，“的”　　D. 指示代词，相当于“其”

4. “匹夫不可夺其志”中“夺”的意思是（　　　）。

A. 争先取到　　B. 抢，强取

C. 用力冲开，冲出　　D. 削除，丧失，强行改变

三、释义与造句

各得其所

____

____

拓展：文言实词与理解

“去”字的演变过程

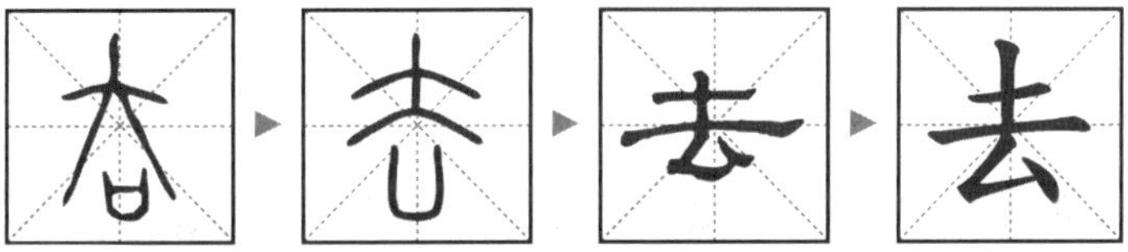

金文 小篆 隶书 楷书

【字义例释】

1. 离开 2. 距离 3. 去掉、除掉 4. 前往，到……去 5. 过去的

将符合下列句子的释意填入括号中。

（1）一为迁客去长沙，西望长安不见家。（ ）

（2）我以日始出时去人近，而日中时远也。（ ）

（3）登斯楼也，则有去国怀乡，忧谗畏讥，满目萧然，感极而悲者矣。（ ）

（4）一曲新词酒一杯，去年天气旧亭台。（ ）

（5）为汉家除残去秽。（ ）

文言·练一练

何易于，不详何所人及何所以进，为益昌令。县距州四十里，刺史[1]崔朴常春与宾属泛舟出益昌旁，索民挽纤。易于身引舟。朴惊问状，易于曰：“方春，百姓耕且蚕，惟令不事，可任其劳。”朴愧，与宾客疾驱去。

——选自欧阳修《何易于传》

注释：①刺史：官名，级别在县令之上。

1. 解释下列句子中加点的词。

（1）为益昌令（　　　）　　　　（2）易于身引舟（　　　）

2. 用现代汉语翻译下面的句子。

方春，百姓耕且蚕，惟令不事，可任其劳。

____

3. 根据文意，说说何易于是一个怎样的人？

____

小练笔

我们能从《论语》中的细节之处感受到孔子的幽默与豁达：

牢曰："子云，'吾不试，故艺'。"——《子罕第九》第7则

在听到别人赞扬他多才多艺时，他谦虚而幽默地说，那是因为我做不了官，所以有时间掌握许多技艺。

达巷党人曰："大哉孔子！博学而无所成名。"子闻之，谓门弟子曰："吾何执？执御乎？执射乎？吾执御矣。"——《子罕第九》第2则

当他听到有人说他虽然博学却并无专长时，他并不争辩，只是和弟子开玩笑说自己还是做个专职驾车的人好了。孔子总是表现得豁达大度，用一种调侃的方式化解。

你身边是否也有这样幽默的人？他身上发生了什么趣事呢？（100-200字）

100

第三十六篇 注重历史

课堂巩固

一、注音

1. 殷（　　　）因于夏礼，所损（　　　）益，可知也。

2. 何必高宗？古之人皆（　　　）然。君薨（　　　），百官总己以听于冢（　　　）宰三年。

3. 子曰："周监（　　　）于二代（　　　），郁郁（　）乎文哉，吾从周。"

4. 子曰："述（　　　）而不作，信而好（　　　）古，窃（　　　）比于我老彭（　　　）。"

二、原文句意理解

1. "殷因于夏礼"中"因"的意思是（　　　）。

A. 将要　　B. 想要，希望

C. 需要　　D. 因袭，沿袭

2. "周监于二代"中"监"的意思是（　　　）。

A. 整理　　B. 通"鉴"，借鉴

C. 正当，合适　　D. 整治

3. "敏以求之者也"中"求"的意思是（　　　）。

A. 代词，"这""那"　　B. 获得，获求

C. 助词，表示领属关系，"的"　　D. 指示代词，相当于"其"

4. "窃比于我老彭"中"窃"的意思是（　　　）。

A. 争先取到　　B. 抢，强取

C. 私自，私下　　D. 削除，丧失，强行改变

三、释义与造句

信而好古

____

____

拓展：文言实词与理解

“强”字的演变过程

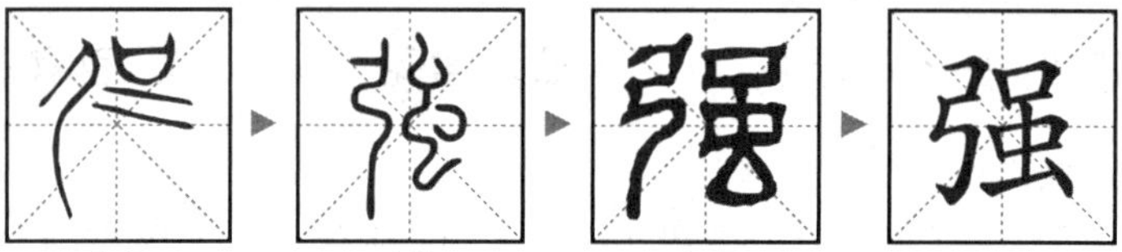

金文　小篆　隶书　楷书

【字义例释】

1. 强大，强悍。　2. 坚强。　3. 增强，加强。　4. 有余，略多。

5. 音 qiǎng，竭力，努力。　6. 音 qiǎng，勉强，迫使。

将符合下列句子的释意填入括号中。

（1）策勋十二转，赏赐百千强。（　　　）

（2）周处年少时，凶强侠气，为乡里所患。（　　　）

（3）强本而节用，则天不能贫。（　　　）

（4）知困，然后能自强也。（　　　）

（5）争而不得，不可谓强。（　　　）

（6）老臣今者殊不欲食，乃自强步。（　　　）

文言·练一练

赵简子[1]问子贡[2]曰：“孔子为人何如？”子贡对曰：“赐不能识也。”简子不说曰：“夫子事孔子数十年，终业[3]而去之，寡人问子，子曰‘不能识’，何也？”子贡曰：“赐譬渴者之饮江海，知足而已。孔子犹江海也，赐则奚足以识之？”简子曰：“善哉，子贡之言也！”

——选自刘向《说苑》

注释：①赵简子：赵国开国君主，名鞅。 ②子贡：孔子的弟子，姓端木，名赐，字子贡。 ③终业：完成学业。

1. 解释文中加点词的意思。

（1）简子不说（　　　　）　　（2）终业而去之（　　　　）

2. 用现代汉语翻译下面的句子。

（1）赐譬渴者之饮江海，知足而已。

____

（2）孔子犹江海也，赐则奚足以识之？

____

3. 下列对文章理解最准确的一项是（　　　　）。

A. 赞扬赵简子求贤若渴、不耻下问的作风

B. 称赞子贡谦虚好学、尊重老师的品德

C. 说明孔子的贤明犹如江海，深不可测

D. 阐述求学问必须知其所以然的道理

小练笔

我们拥有悠久的历史文化，这些历史文化不仅记载于浩如烟海的史书中，也蕴藏于不计其数的文物与古迹当中。博物馆、文化名胜古迹，甚至于我们走过的道路，都承载着我们历史的一部分，它们也是我们了解和学习历史的途径。你曾到过哪个地方游玩，你在那里了解到了哪段历史呢？（100–200 字）

第三十七篇《诗经》之奥

课堂巩固

一、注音

1.《诗》可以兴（　　　），可以观，可以群（　　　），可以怨（　　　）。迩（　　　）之事父，远之事君。多识于鸟兽草木之名。”

2. 子曰:“《诗》三百,一言以蔽（　　　）之，曰:‘思无邪（　　　）’”。

3. 巧笑倩（　　　）兮，美目盼（　　　）兮，素以为绚（　　　）兮。

4.《关雎（　　　）》，乐（　　　）而不淫（　　　），哀（　　　）而不伤。

5. 唐棣（　　　）之华（　　　），偏其反而。岂不尔思？室是远而。

二、原文句意理解

1.“一言以蔽之”中“蔽”的意思是（　　　）。

A. 隐藏　　B. 欺骗，隐瞒

C. 概括　　D. 遮，挡

2.“素以为绚兮”中“绚”的意思是（　　　）。

A. 美丽的，漂亮的　　B. 有文采的

C. 迅疾的　　D. 灿烂的

3.“绘事后素”中“素”的意思是（　　　）。

A. 单纯　　B. 白底

C. 本质；本性　　D. 素食，与“荤”相对

4.“唐棣之华”中“华”的意思是（　　　）。

A. 豪华　　B. 年轻；年少

C. 同“花”，花朵　　D. 繁盛

三、释义与造句

哀而不伤

____

____

拓展：文言实词与理解

“观”字的演变过程

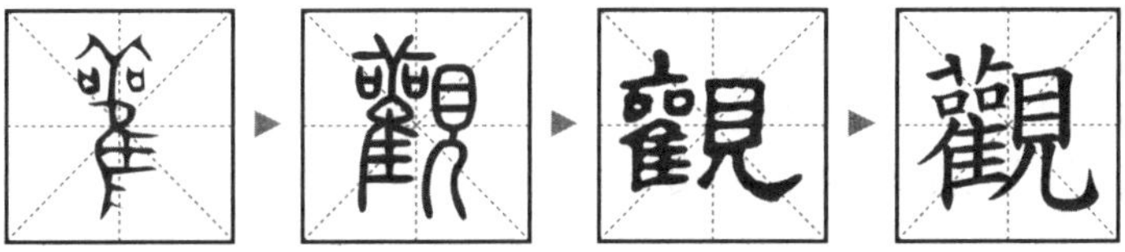

金文　小篆　隶书　楷书

【字义例释】

1. 仔细看，看。　2. 观察，观赏。　3. 值得观赏的景物或景象。
4. 音 guàn，建筑物的一种。　5. 音 guàn，道教的庙宇，道观。

将符合下列句子的释意填入括号中。

（1）可远观而不可亵玩焉。(　　　　)

（2）大王见臣列观，礼节甚倨。(　　　　)

（3）玄都观里桃千树，尽是刘郎去后栽。(　　　　)

（4）此则岳阳楼之大观也。(　　　　)

（5）今以蒋氏观之。(　　　　)

文言·练一练

宋之鄙[①]人得璞玉，献之子罕，子罕不受。鄙人曰：“此宝也，宜为君子器，不宜为细人[②]用。”子罕曰：“尔以玉为宝，我以不受子之玉为宝。”

——选自《韩非子·喻老》

注释：①鄙：边远的地方。 ②细人：见识浅陋或地位低下的人。

1. 解释下列句子中加点的词。

（1）宋之鄙人得璞玉（ ） （2）不宜为细人用（ ）

2. 用现代汉语翻译下面的句子。

尔以玉为宝，我以不受子之玉为宝。

____

3. 下列对文章的理解，正确的一项是（ ）。

A. “鄙人”是作者对献玉之人轻蔑的称呼

B. 子罕不接受玉是因为他担心“细人”告密

C. 子罕认为接受了美玉就会被人当作“细人”

D. 在子罕眼里，有比美玉更宝贵的东西

小练笔

从我们学习的几则《论语》来看，孔子是鼓励学生去学习《诗经》的，他认为《诗经》可用来兴起人的志趣，可用来观察地方风俗，可用来与他人相处，可用来表达内心的感受。请你在课余时间选择《诗经》中的一篇进行阅读了解，并分享一下你的读后感。（100-200 字）

100

第三十八篇 音乐之妙

课堂巩固

一、注音

1. 子在齐闻《韶》(　　　)，三月不知肉味，曰：“不图为乐(　　　)之至于斯也。”

2. 子击磬(　　　)于卫，有荷蒉(　　　)而过孔氏之门者，曰：“有心哉(　　　)，击磬乎！”既而曰：“鄙哉！硁硁(　　　)乎！莫己知也，斯已而已矣。深则厉(　　　)，浅则揭(　　　)。”子曰：“果哉！末(　　　)之难(　　　)矣。”

二、原文句意理解

1. “尽美矣，又尽善也”中“尽”的意思是(　　　)。

A. 竭尽　　B. 达到极点　　C. 全部　　D. 完，没有了

2. “不图为乐之至于斯也”中“图”的意思是(　　　)。

A. 图谋；谋取　　B. 绘画　　C. 摹拟　　D. 预料，料想到

3. “兴于《诗》”中“兴”的意思是(　　　)。

A. 振兴　　B. 复兴　　C. 开始　　D. 兴办

4. “末之难矣”中“难”的意思是(　　　)。

A. 论说；争辩　　B. 抵挡　　C. 灾难；祸害　　D. 责问；责难

三、释义与造句

尽美尽善

____

____

拓展：文言实词与理解

“向”字的演变过程

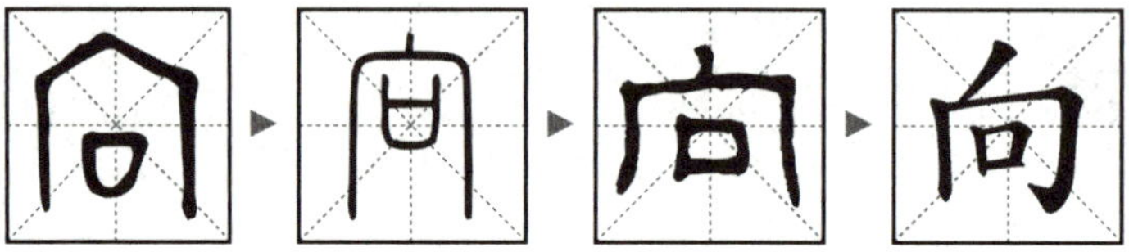

金文　小篆　隶书　楷书

【字义例释】

1. 朝北的窗户。　2. 向着，朝着，对着。　3. 奔向，趋向　4. 接近，将近，将要。　5. 先前，原来。

将符合下列句子的释意填入括号中。

（1）俄顷风定云墨色，秋天漠漠向昏黑。（　　　　）

（2）寻向所志，遂迷，不复得路。（　　　　）

（3）狼不敢前，眈眈相向。（　　　　）

（4）塞向墐户。（　　　　）

（5）闻操已向荆州。（　　　　）

文言 · 练一练

公明仪为牛弹《清角》之操①，伏食如故。非牛不闻，不合其耳也。转为蚊虻之声，孤犊之鸣，即掉尾②奋耳③，蹀躞④而听。

——选自僧祐《弘明集》

注释：①操：琴曲。 ②掉尾：牛因听到蚊、虻（牛蝇）的叫声，便摇尾驱赶。 ③奋耳：竖起耳朵。牛因听到小牛的叫声，便竖耳细听。 ④蹀躞（dié xiè）：小步徘徊。

1. 解释下列句子中加点的词。

（1）不合其耳也（　　　）　　（2）即掉尾奋耳（　　　）

2. 用现代汉语翻译下面的句子。

公明仪为牛弹《清角》之操，伏食如故。

____

3. 成语“对牛弹琴”出自这段文字，现在经常用来讥笑听话的人不懂对方说的是什么，但从出处来看，这个成语还可以用来讥笑什么？

____

小练笔

你有喜欢或者是擅长的乐器吗？有喜欢听的乐曲吗？你喜欢它的原因是什么？请分享你喜欢的一种乐器或者一首乐曲，谈一谈它能带给你什么样的感受。（100-200 字）

100

200

参考答案

第一篇　孔子其人（一）

课堂巩固

一、知识填空

孔　丘　仲尼　春秋　鲁　儒家

二、注音

1. 燕（yàn）申（shēn）夭（yāo）
2. 盖（gài）作（zuò）择（zé）识（zhì）
3. 逝（shì）斯（sī）昼（zhòu）
4. 厩（jiù）焚（fén）朝（cháo）
5. 宿（sù）奚（xī）氏（shì）与（yú）

三、原文句意理解

1. A　2. C　3. B　4. D

四、释义与造句

择善从之：选择有才能的人委以重任。

第二篇　孔子其人（二）

课堂巩固

一、注音

1. 邑（yì）好（hào）
2. 知（zhì）诲（huì）倦（juàn）哉（zāi）
3. 叶（shè）女（rǔ）奚（xī）为（wéi）愤（fèn）

4. 钓（diào） 纲（gāng） 弋（yì） 宿（sù）

5. 哉（zāi） 博（bó） 弈（yì） 犹（yóu） 贤（xián）

二、原文句意理解

1. A　2. D　3. D　4. C

三、释义与造句

1. 饱食终日：指整天吃饱饭，不动脑筋，不干什么正经事。

2. 诲人不倦：乐于教诲人而不知厌倦。

第三篇　颜回其人（一）

课堂巩固

一、注音

1. 恸（tòng） 夫（fú）

2. 省（xǐng） 发（fā） 愚（yú）

3. 女（rǔ） 愈（yù）

4. 迁（qiān） 贰（èr） 亡（wú） 好（hào）

二、原文句意理解

1. A　2. B　3. D　4. C

三、释义与造句

闻一知十：听到一点就能理解很多，形容人禀赋聪敏，领悟力、类推力强。

第四篇　颜回其人（二）

课堂巩固

一、注音

1. 违（wéi） 焉（yān）

2. 箪（dān） 瓢（piáo） 陋（lòu） 堪（kān）

3. 语（yù） 惰（duò）

4. 畏（wèi） 匡（kuāng）

二、原文句意理解

1. C 2. B 3. A 4. D

三、释义与造句

箪食瓢饮：指颜回生活虽然清苦，却依旧不改乐道的志趣，后用以比喻安贫乐道。

第五篇 子贡其人（一）

课堂巩固

一、注音

1. 赐（cì） 女（rǔ） 瑚（hú） 琏（liǎn）

2. 朔（shuò） 饩（xì）

3. 敏（mǐn） 耻（chǐ）

4. 谄（chǎn） 骄（jiāo）

5. 磋（cuō） 磨（mó）

二、原文句意理解

1. D 2. B 3. C 4. B

三、释义与造句

1. 不耻下问：不把向学问、地位等不如自己的人请教当成可耻的事，形容谦虚、好学。

2. 切磋琢磨：比喻学习或研究问题时彼此商讨，互相吸取长处，改正缺点。

第六篇 子贡其人（二）

课堂巩固

一、注音

1. 夷（yí） 贤（xián）

2. 韫（yùn） 椟（dú） 贾（gǔ） 沽（gū）

3. 庶（shù） 屡（lǚ） 殖（zhí）

二、原文句意理解

1. D 2. A 3. B 4. A

三、释义与造句

1. 求仁得仁：求仁德便得到仁德，比喻理想和愿望实现。

2. 待价而沽：旧时比喻等待时机出来做官，后多比喻等待有好的待遇、条件才肯答应任职或做事。

文言 · 练一练

1.（1）日（每天）（2）损（减少）

2. A

3. 这不是君子的行为。

第七篇 子贡其人（三）

课堂巩固

一、注音

1. 纣（zhòu） 甚（shèn）

2. 恶（wù） 恶（è）

3. 暇（xiá）

4. 女（rǔ） 识（zhì）

5. 邦（bāng）

二、原文句意理解

1. D 2. B 3. C 4. A 5. C

三、释义与造句

1. 工欲善其事，必先利其器：指工匠要想做好活儿，一定先要把工具准确各得锐利精良，比喻要做好事情，必须先做好准备，创造条件。

2. 己所不欲，勿施于人：指自己不愿意的，不要施加给别人。

拓展：文言实词与理解

天下之恶皆归焉（归向、汇聚）

文言·练一练

1. 战国时期　完璧归赵　归还

2.B

3. 相如曰：“王必无人，臣愿奉璧往使。城入赵而璧留秦；城不入，臣请完璧归赵。”

第八篇　子路其人（一）

课堂巩固

一、注音

1. 桴（fú）

2. 好（hào）

3. 说（yuè）　矢（shǐ）

4. 衣（yì）　敝（bì）　缊（yùn）　貉（hé）

5. 忮（zhì）　臧（zāng）

6. 宿（sù）

7. 偲（sī）

二、原文句意理解

1. C　2. A　3. D　4. A

三、释义与造句

1. 不忮不求：意思是不妒忌，不贪求。

2. 片言折狱：意思是能用简单的几句话判决讼事，后指能用几句话就断定双方争论的是非。

拓展：文言实词与理解

（1）从我者，其由与。（跟随，跟从）

（2）先行其言，而后从之。（听从，顺从，服从）

文言·练一练

1. 离墓地很近的地方 街上闹市 学校旁边

2. 孟子乃嬉为设俎豆揖让进退之事

3. 孟母三迁

第九篇　子路其人（二）

课堂巩固

一、注音

1. 侍（shì） 盍（hé） 裘（qiú） 敝（bì） 憾（hàn） 伐（fá） 施（shī）

2. 冯（píng） 惧（jù） 好（hào）

3. 己（jǐ） 已（yǐ）

4. 兴（xīng） 愠（yùn）

5. 尚（shàng）

二、原文句意理解

1. A　2. B　3. D　4. A

三、释义与造句

1. 暴虎冯河：空手打虎，徒步过河，比喻有勇无谋、冒险蛮干，也比喻勇猛果敢。

2. 肥马轻裘：指好车马，好衣服等。

拓展：文言实词与理解

（1）用之则行（实行）

（2）子行三军（担任官职）

文言·练一练

一、

1. 行（háng）

2. 行业

3. 隔行如隔山

示例：隔行如隔山，我对做买卖真是一窍不通。

二、

1. 行（xíng）

2. 行走

3. “千里之行，始于足下”，实现理想要从眼前的小事做起，这些事情做不好，理想就只是空谈。

第十篇　曾子其人（二）

课堂巩固

一、注音

1. 贯（guàn）　恕（shù）

2. 弘（hóng）　重（zhòng）　己（jǐ）　已（yǐ）

3. 慎（shèn）

4. 寡（guǎ）　虚（xū）　校（jiào）

5. 辅（fǔ）

二、原文句意理解

1. D　2. A　3. D　4. A

三、释义与造句

1. 犯而不校：受到别人的冒犯或无礼也不计较。

2. 任重道远：指担子很重，路很远，比喻肩负的责任重大，并且需要经过长期艰苦的努力。

拓展：文言实词与理解

（1）曾子（姓）

（2）未曾有也（曾经）

文言·练一练

1. 略

2. 刻舟求剑

3. 略

第十一篇　子夏其人

课堂巩固

一、注音

1. 博（bó）　笃（dǔ）

2. 俨（yǎn）　即（jí）　厉（lì）

3. 竭（jié）　致（zhì）

4. 亡（wú）

5. 倩（qiàn）　兮（xī）　绚（xuàn）　予（yú）

6. 仕（shì）

二、原文句意理解

1. D　2. A　3. D　4. B

三、释义与造句

1. 博学笃志：广泛学习而意志坚定。

2. 绘事后素：先粉地为质，而后施五彩，指人有美质，然后可加文饰。

拓展：文言实词与理解

（1）素以为绚兮（未修饰的）（2）绘事后素（白色的）

文言·练一练

1.（1）拿 （2）才

2. 等到返回集市的时候，集市已经结束了，他于是没有买到鞋。

3. C

4. 做事情不能生搬硬套，要学会变通。

第十二篇　子游其人

课堂巩固

一、注音

1. 数（shùo） 辱（rǔ） 数（shùo）

2. 宰（zǎi） 女（rǔ） 澹（tán） 行（xíng） 径（jìng） 尝（cháng） 偃（yǎn）

3. 孰（shú） 倦（juàn） 譬（pì） 诬（wū） 卒（zú） 惟（wéi）

4. 丧（sāng）

二、原文句意理解

1. C　2. A　3. B　4. A

三、释义与造句

行不由径：指走路不抄小道。比喻为人正直，办事遵循正道。

拓展：文言实词与理解

（1）过犹不及（至，到达）

（2）及鲁肃过寻阳，与蒙议论（等到）

（3）君甚美，徐公何能及君也（比得上）

（4）若有作奸犯科及为忠善者（以及，和）

文言·练一练

1. 鄙（bǐ） 旱（hàn） 戎（róng） 凿（záo） 涝（lào） 泻（xiè） 黍（shǔ） 歉（qiàn） 羸（yíng） 裘（qiú）

2. 所以说“天旱要准备船只，天热要缝制裘皮衣”，真是世间的名言。

3. 对比

4. 越人，因为他做事情不三心二意，见异思迁，有自己的主见，能够做到坚持不懈。

第十三篇　子张其人

课堂巩固

一、注音

1. 阙（quē） 慎（shèn） 殆（dài） 寡（guǎ） 尤（yóu） 禄（lù）

2. 尊（zūn） 容（róng） 矜（jīn） 与（yú） 拒（jù）

3. 质（zhì） 好（hào） 察（chá） 观（guān） 虑（lǜ） 邦（bāng） 仁（rén） 违（wéi） 疑（yí）

4. 弘（hóng） 笃（dǔ） 亡（wú）

二、原文句意理解

1. C　2. B　3. A　4. B

三、释义与造句

多闻阙疑：虽然见多识广，对于不懂之处，还应存有疑问，表示一种谦虚谨慎的治学态度。

文言实词与理解

（1）天行有常，不为尧存，不为桀亡。（ 丢失；损失；消亡 ）

（2）生之有时而用之亡度，则物力必屈。（音 wú，通“无”，没有）

（3）今亡亦死，举大计亦死，等死，死国可乎？（逃跑）

（4）馁不得食，亦终必亡已。（死亡；灭亡）

文言·练一练

1.（1）到……去；（2）准备

2.“愚人一直不停地吃盐，口味败坏，反而变成他的祸害。”天下的事情都是这样，超过了限度不但没有好处，反而会损害这件事情。

3.做事情要适可而止，否则好事也会变成坏事。

第十四篇　伯牛与子骞

课堂巩固

一、注音

1.疾（jí）牖（yǒu）亡（wáng）矣（yǐ）斯（sī）

2.闵（mǐn）骞（qiān）贯（guàn）夫（fú）

3.宰（zǎi）辞（cí）汶（wèn）

4.间（jiàn）昆（kūn）

二、原文句意理解

1.D　2.B　3.A

三、释义与造句

言必有中：指一说话就能说到点子上，常用于赞美人说话中肯，含褒义。

文言实词与理解

（1）所以动心忍性，增益其所不能。（增加）

（2）香远益清，亭亭净植。（更，更加）

（3）徒靡弹药，无益吾事。（利益，好处）

（4）滩水暴益。（水漫出来）

文言·练一练

1.黔（qián）载（zài）庞（páng）蔽（bì）窥（kuī）骇（hài）遁（dùn）噬（shì）搏（bó）狎（xiá）倚（yǐ）踉（liáng）

2.（1）偷看 （2）逐渐地，渐渐地 （3）咬 （4）渐渐地

3. 但是（老虎）来来回回地观察它，觉得它并没有什么特殊的本领。

4. 驴虽为庞然大物，却只有黔驴之技，面对聪明的老虎黔驴技穷，最终被吃掉。（用到每个成语，意思对即可）

第十五篇 冉求与有若

课堂巩固

一、注音

1. 冉（rǎn） 说（yuè） 废（fèi） 女（rǔ）

2. 弟（tì） 好（hào） 鲜（xiǎn）

3. 节（jié）

4. 恭（gōng） 远（yuàn） 耻（chǐ） 辱（rǔ） 宗（zōng）

二、原文句意理解

1. C 2. A 3. D 4. A

三、释义与造句

中道而废：比喻勉力而行，但最终因为各种原因而未能坚持到底。

文言实词与理解

（1）何时眼前突兀见此屋。（通“现，出现，显现）

（2）见渔人，乃大惊，问所从来。（看见）

（3）秦王坐章台见相如。（接见，召见）

（4）信而见疑，忠而被谤。（被，受）

（5）敢陈愚见（见解，见识）

文言·练一练

1. 莅（lì） 阜（fù） 嘿（mò） 翼（yì） 释（shì） 诛（zhū） 雍（yōng） 遂（suí） 蚤（zǎo） 希（xī）

2. 有大才干的人成就往往比较晚，而大的声音会让人听不到。

3. 示例：楚庄王理解了右司马的用意，因为楚庄王以“来日飞必冲天，鸣必惊人”来表达自己的意图和抱负。

第十六篇　仁

课堂巩固

一、注音

1. 好（hào） 恶（wù）

2. 恶（wū） 违（wéi） 颠（diān） 沛（pèi）

3. 乐（yào） 乐（yào）

4. 毅（yì） 讷（nè）

二、原文句意理解

1. D　2. A　3. C　4. B

三、释义与造句

当仁不让：原义是指以仁为任，无所谦让，后指遇到应该做的事就积极主动去做，不推让。

文言实词与理解

（1）有朋自远方来，不亦乐乎。（愉悦；喜悦）

（2）乐者，天地之和也。（乐器）

（3）浮光跃金，静影沉璧，渔歌互答，此乐何极！（乐趣）

（4）知者乐山，仁者乐水。（音“yào”，动词，喜爱，欣赏）

文言·练一练

1. 祁（qí） 解（xiè） 邪（yé） 遂（suí） 尉（wèi） 避（bì）

2.（1）担任　（2）不是

3. 他荐举外人，不排除自己的仇人，荐举亲人，不避开自己的儿子。

4. 公

第十七篇　义

课堂巩固

一、注音

1. 孙（xùn）

2. 恭（gōng）　敬（jìng）　忿（fèn）　难（nàn）

3. 崇（chóng）　辨（biàn）　徙（xǐ）　恶（wù）　祗（zhī）

4. 祭（jì）　谄（chǎn）

二、原文句意理解

1. D　2. C　3. B　4. A

三、释义与造句

见义不为：见到应该挺身而出的事情，却袖手旁观，就是怯懦。

文言实词与理解

（1）政通人和，百废具兴。（兴办）

（2）兴尽悲来，识盈虚之有数。（音 xìng，兴趣，兴致）

（3）清风徐来，水波不兴。（起，起来，兴起）

（4）忧劳可以兴国，逸豫可以亡身。（兴盛，振兴）

（5）兴师伐秦。（发动，调动）

文言 · 练一练

1. 伐（fá）　蚌（bàng）　曝（pù）　鹬（yù）　喙（huì）　禽（qín）　弊（bì）

2.（1）刚刚　（2）仔细

3. 两个都不肯放过对方，一个渔夫把它们俩一起捉走了。

4. 燕国、赵国　秦国。

5. 两方不甘示弱，苦苦相争，却让第三方得利。

第十八篇 礼

课堂巩固

一、注音

1. 畔（pàn）

2. 佾（yì） 孰（shú）

3. 奢（shē） 俭（jiǎn） 戚（qī）

二、原文句意理解

1. A 2. B 3. D 4. A

三、释义与造句

克己复礼：指克制自己的私欲，使言行举止合乎礼节。

文言实词与理解

（1）越明年，贫者自南海还。（次，下一个）

（2）及既上，苍山负雪，明烛天南。（明亮，光亮）

（3）智能之士思得明君。（英明，明智）

（4）以昭陛下平明之理。（严明）

（5）左丘失明，厥有《国语》。（眼力，视力）

（6）名实已明，而天下之理得矣。（明确）

文言·练一练

1. 少（shào） 嗟（jiē） 行（xíng） 宁（nìng）

2. 燕雀怎么能知道鸿鹄的远大志向，比喻平凡的人哪里知道英雄人物的志向。

3. 一向，向来

4. 那些称王侯拜将相的人，天生就是好命、贵种吗？

5. 秦二世

第十九篇　智

课堂巩固

一、注音

1. 诲（huì）知（zhī）知（zhì）

2. 谮（zèn）愬（sù）

3. 称（chēng）讪（shàn）窒（zhì）

4. 徼（jiǎo）知（zhì）孙（xùn）讦（jié）

二、原文句意理解

1. B　2. A　3. C　4. D

三、释义与造句

浸润之谮：比喻暗中诽谤别人的坏话。形容那些逐渐渗透、不易察觉的谗言和诽谤。

文言实词与理解

（1）问所从来，具答之。（同“俱”，全部，都）

（2）罔不因势象形，各具情态。（具有，完备）

（3）为具牛酒饭食。（准备）

（4）食以草具。（饭食，酒肴）

（5）冯统曰：“钟会才具有限。”（才能）

（6）仲永生五年，未尝识书具。（器具，工具，装备）

文言 · 练一练

1. 戊（wù）渡（dù）骐（qí）骥（jì）匠（jiàng）斧（fǔ）楫（jí）

2.（1）到达（2）竟然，居然

3. 干将作为锋利的宝剑，天下闻名，匠人用它来砍削木头，还不如斧子。

4. 物各有短长。

第二十篇　信

课堂巩固

一、注音

1. 輗（ní） 軏（yuè）

2. 硁（kēng） 筲（shāo）

3. 笃（dǔ） 蛮（mán） 貊（mò） 舆（yú） 衡（héng） 诸（zhū） 绅（shēn）

4. 无（wú） 惮（dàn）

二、原文句意理解

1. C　2. A　3. D　4. B

三、释义与造句

过则勿惮改：意思是有了错误，不要怕改正。

文言实词与理解

（1）予尝求古仁人之心。（探求，追求）

（2）且欲与常马等不可得，安求其能千里也？（要求）

（3）烟涛微茫信难求。（寻找，找到）

（4）知我者谓我心忧，不知我者谓我何求。（谋求）

（5）两家求合葬。（请求）

文言·练一练

1.（1）对……说，告诉　（2）到

2. 元伯把这件事详细地告诉母亲，请母亲安排饭食来等候他。

3. 巨卿信士，必不违约。

4. 示例：重诺言，守信用，是做人的美德。学习中，答应帮助同学讲解难题，无论自己的时间多么紧张，一定要说到做到，这样才能赢得同学的信任。

第二十一篇　孝

课堂巩固

一、注音

1. 没（mò） 行（xíng）

2. 懿（yì） 违（wéi） 樊（fán） 御（yù）

3. 难（nán） 劳（láo） 馔（zhuàn） 曾（zēng）

4. 几（jī） 谏（jiàn） 怨（yuàn）

二、原文句意理解

1. B　2. D　3. A　4. D

三、释义与造句

劳而不怨：意思是形容孝子精心侍奉父母。也指当政者使民勤劳而民无埋怨。

文言实词与理解

（1）食马者不知其能千里而食也。（音 sì，饲养，喂养）

（2）卖炭得钱何所营？身上衣裳口中食。（食物，饭）

（3）杀鸡为黍而食之。（音 sì，供养，给……吃）

（4）退而甘食其土之有。（吃，吃饭）

文言 · 练一练

1.（1）吃饭 （2）跑

2. 你是怎么获得这些金子的？

3.（1）不取不义之财 （2）不做不忠（或：孝）之事

4. 表现了田子知错就改的品质。

第二十二篇　君子（一）

课堂巩固

一、注音

1. 野（yě）　史（shǐ）　彬（bīn）

2. 讷（nè）　敏（mǐn）

3. 荡（dàng）　戚（qī）

4. 德（dé）　刑（xíng）　惠（huì）

二、原文句意理解

1. D　2. D　3. B　4. C

三、释义与造句

1. 文质彬彬：原义是人的文采和实质配合适当，形容气质温文尔雅，行为举止端正。

2. 君子不器：君子不像器具那样，作用仅仅限于某一方面。

文言实词与理解

（1）温故而知新，可以为师矣。（老师）

（2）而渔工水师虽知而不能言。（指具有某种专长的人）

（3）前事之不忘，后事之师。（可借鉴或效法的对象 ）

（4）吾师道也。（学习，效法）

（5）齐师伐我。（军队）

文言·练一练

1.（1）向　（2）戏弄

2. 老年时喜欢学习，就像是点燃蜡烛照明一样，和摸黑走路相比怎么样呢？

3. 人应该活到老学到老，在人生任何阶段学习都不算晚。

第二十三篇　君子（二）

课堂巩固

一、注音

1. 说（yuè）　器（qì）

2. 知（zhī）　受（shòu）

3. 矣（yǐ）　夫（fú）

4. 兴（xīng）　愠（yùn）　滥（làn）

二、原文句意理解

1. C　2. B　3. D　4. C

三、释义与造句

穷斯滥矣：意思是当一个人处于困境时，如果缺乏节制和原则，就容易胡作非为。

文言实词与理解

（1）技止此耳！（只、仅）

（2）高山仰止，景行行止。（语气词）

（3）一狼得骨止，一狼仍从。（停止 ）

（4）河曲智叟笑而止之曰。（阻止）

（5）当斩左止者，笞五百。（同“趾”。脚）

文言·练一练

1.（1）有人　（2）栖息

2. 现在你想用你的梁国宰相的职位来恐吓我吗？

3. 担心庄子取代他梁国宰相的职位。

4.C

第二十四篇　君子（三）

课堂巩固

一、注音

1. 恶（è）

2. 泰（tài）　骄（jiāo）

3. 诸（zhū）

4. 畏（wèi）　狎（xiá）　侮（wǔ）

二、原文句意理解

1. A　2. C　3. B　4. D

三、释义与造句

1. 周而不比：意思是以公正之心对待天下众人，没有预定的成见及私心，不徇私护短。

2. 成人之美：指成全别人的好事，帮助别人实现愿望。

文言实词与理解

（1）天下大事，必作于细。（开始）

（2）一鼓作气。（兴起，发生，振作）

（3）其中往来种作，男女衣着，悉如外人。（劳作，劳动）

（4）作亭者谁？（建造）

（5）拊床而止之，既止复作。（起来，起身）

（6）属予作文以记之。（创作，制作）

（7）便要还家，设酒杀鸡作食。（做）

文言·练一练

1.（1）满，充满　（2）只是，仅仅

2. 太后就不给他们了，让他们空着手出去。

3. C

4. 知足（或：不贪 / 廉洁 / 清廉）

第二十五篇　安贫乐道

课堂巩固

一、注音

1. 食（shí） 慎（shèn） 好（hào）

2. 恶（è） 议（yì）

3. 疏（shū） 肱（gōng） 枕（zhěn）

4. 笃（dǔ） 邦（bāng） 见（xiàn） 隐（yǐn）

二、原文句意理解

1. C　2. A　3. B　4. D

三、释义与造句

1. 曲肱而枕：意思是枕着弯曲的胳膊睡觉，形容人生活恬淡，无忧无虑。

2. 笃信好学：意思是指对道德和事业抱有坚定的信心，勤学好问。

文言实词与理解

（1）所谓伊人，在水一方。（方向，方位）

（2）半亩方塘一鉴开。（方形）

（3）春蚕到死丝方尽。（方才，才）

（4）可使有勇，且知方也。（道理）

（5）如今人方为刀俎，我为鱼肉，何辞为？（正，正在）

文言 · 练一练

1. 悴（cuì） 睢（wēi） 炼（liàn） 避（bì） 谏（jiàn） 授（shòu）

2.（1）正遇上 （2）交给

3. 因为你年纪还小，所以就让我收藏了秘方；现在你长大自立了，应当把它还给你。

4. 不贪便宜、诚实守信

第二十六篇　为政之道

课堂巩固

一、注音

1. 道（dǎo） 乘（shèng）

2. 譬（pì） 辰（chén） 共（gǒng）

3. 刑（xíng） 免（miǎn） 耻（chǐ） 格（gé）

4. 居（jū） 倦（juàn） 忠（zhōng）

5. 说（yuè）

二、原文句意理解

1. D　2. C　3. D　4. B

三、释义与造句

众星拱极：比喻众物围绕一物或众人拥戴一人。

文言实词与理解

（1）天下云集而响应。（像云一样）

（2）此中人语云。（说）

（3）若夫日出而林霏开，云归而岩穴暝。（云彩）

（4）公之云感，贻此音翰。（有）

（5）曰“师”曰“弟子”云者。（助词，用于句末，表示提顿，以引起下文）

文言·练一练

1.（1）路过　（2）离开

2. 你们要记住：残暴的政令比吃人的老虎还要凶猛。

3. 因为妇人一家三代三人都丧命于虎口却不愿搬家，原因是这里没有苛政。

第二十七篇　言语之道

课堂巩固

一、注音

1. 雍（yōng） 佞（nìng） 给（jǐ） 屡（lǚ） 憎（zēng）

2. 伐（fá） 殿（diàn） 将（jiāng） 策（cè）

3. 鲜（xiǎn）

4. 恂（xún） 庙（miào） 便（biàn） 谨（jǐn）

二、原文句意理解

1. B　2. D　3. C　4. A

三、释义与造句

巧言令色：指花言巧语，伪装和善，讨好于人。

文言实词与理解

（1）此地空余黄鹤楼。（遗留，遗存）

（2）余闻而愈悲。（我）

（3）余人各复延至其家。（其余的）

（4）一车炭，千余斤。（表示整数后不定的零数）

（5）子墨子之守国有余。（剩余，多余）

文言·练一练

1. 谀（yú） 为（wéi） 慎（shèn） 辄（zhé） 欤（yú）

2.（1）前去　（2）告诉

3. 天下像老师这样不喜欢戴高帽的人，能有几个呢？

4. 奉承别人，拍马屁（意思对即可）

5. 称赞老师是少有的不喜欢戴高帽的人。

第二十八篇　学习的态度（一）

课堂巩固

一、注音

1. 说（yuè） 乐（lè） 愠（yùn）

2. 罔（wǎng） 殆（dài）

3. 庙（miào） 谓（wèi） 鄹（zōu）

4. 尝（cháng） 寝（qǐn） 益（yì）

二、原文句意理解

1. C　2. B　3. D　4. B

三、释义与造句

温故知新：原义是温习学过的知识，而得到新的理解和心得，也指回顾历史，对现在有新的指导意义。

文言实词与理解

（1）便纵有千种风情，更与何人说！（讲，谈论，诉说）

（2）学而时习之，不亦说乎？（音 yuè，通“悦”，高兴，愉快）

（3）及郡下，诣太守，说如此。（说明、解释）

（4）或说处杀虎斩蛟。（音 shuì，劝说，说服）

（5）辟邪说，难壬人，不为拒谏。（言论，说法）

文言·练一练

1. 俭（jiǎn） 泊（bó） 淫（yín） 励（lì） 躁（zào） 驰（chí） 枯（kū）庐（lú）

2. 对偶句：静以修身，俭以养德。

理由：（示例）我认为这组对偶句句式整齐，读起来朗朗上口，有音韵感、节奏感，所以我喜欢。

3. 淫慢、险躁。

第二十九篇　学习的态度（二）

课堂巩固

一、注音

1. 朝（zhāo）

2. 行（xíng）　择（zé）

3. 反（fǎn）　和（hè）

4. 犹（yóu）　恐（kǒng）

二、原文句意理解

1.A　2.C　3.D　4.B

三、释义与造句

朝闻夕死：原义是如果早上明白了道理，哪怕当晚就死去也是值得的，比喻对真理或目标的追求，非常热切。

文言实词与理解

（1）王曰："善。"（应答之词，表示同意）

（2）弈秋，通国之善弈者也。（擅长，善于）

（3）不如因而善遇之。（友好的，亲善的）

（4）积善成德，而神明自得，圣心备焉。（好的行为，好的方法）

（5）工欲善其事，必先利其器。（做好）

（6）人无有不善。（好，好的，善良的）

（7）素善留侯张良。（友好，亲善）

（8）善刀而藏之。（通"缮"，修治）

文言·练一练

1.（1）容易　（2）能够

2. 你如果有志气，我白白地教你，不要你的学费。

3. 羡慕　感伤

第三十篇　反省改过（一）

课堂巩固

一、注音

1. 省（xǐng）　谋（móu）　传（chuán）

2. 见（jiàn）　讼（sòng）

3. 齐（qí）　省（xǐng）

4. 文（wén）

二、原文句意理解

1. D　2. A　3. B　4. C

三、释义与造句

三省吾身：原指每日从三个方面反省自己，后指多次自觉地反省自己。

文言实词与理解

（1）涂不拾遗。（丢失的东西）

（2）小学而大遗。（遗漏，忽略）

（3）秦无亡矢遗镞之费。（遗失，丢失，忘记）

（4）瞻顾遗迹，如在昨日。（遗留，留下）

（5）诚宜开张圣听，以光先帝遗德。（死者留下的）

（6）留待作遗施。（音 weì，赠送，送给）

（7）飘飘乎如遗世独立，羽化而登仙。（舍弃，离开）

文言 · 练一练

1. 郡（jùn）　邑（yì）　荆（jīng）　谒（yè）　遗（wèi）　愧（kuì）

2. （1）调任　（2）推荐

3. 清正廉洁

4. 示例：人在做天在看（要想人不知，除非己莫为），行事应做到问心无愧。

第三十一篇　反省改过（二）

课堂巩固

一、注音

1. 幸（xìng）　苟（gǒu）　知（zhī）

2. 宰（zǎi）　昼（zhòu）　寝（qǐn）　朽（xiǔ）　雕（diāo）　粪（fèn）　杇（wū）　诛（zhū）

3. 皆（jiē）　更（gēng）　仰（yǎng）

二、原文句意理解

1. C　2. B　3. A　4. C

三、释义与造句

朽木不雕：指腐烂的木头不可雕琢，比喻局势或人已经糟糕到了不可救药的地步，含贬义。

文言实词与理解

（1）青，取之于蓝，而青于蓝。（提取，选取）

（2）伐竹取道，下见小潭，水尤清冽。（开辟）

（3）取彼狐狸，为公子裘。（捕捉，捉拿）

（4）获者取左耳。（割取）

（5）乃取一葫芦置于地。（拿）

（6）南取汉中，西举巴蜀。（攻取）

（7）终老不复取。（通“娶”）

文言·练一练

1. 鄙（bǐ）　矜（jīn）　矫（jiǎo）　窃（qiè）

2.（1）商量　（2）把……当作功劳

3. 别人对公子您有恩，您不能忘记；公子对别人有恩，希望公子忘掉它。

4. 以五城封公子

夺晋鄙兵以救赵（矫夺晋鄙兵而存赵）。

5.“客”的话提醒我们，要时刻记住别人对自己的好，而不是总记住自己对别人的好。

第三十二篇　识人辨事（一）

课堂巩固

一、注音

1. 由（yóu）　察（chá）　廋（sōu）
2. 晏（yàn）　仲（zhòng）　敬（jìng）
3. 止（zhǐ）　毋（wú）　辱（rǔ）
4. 数（shuò）　辱（rǔ）　疏（shū）
5. 矜（jīn）　群（qún）

二、原文句意理解

1. A　2. C　3. D　4. C

三、释义与造句

矜而不争：君子善于忍耐而不与人争斗，与众相和而不偏私。

文言实词与理解

（1）欲把西湖比西子，淡妆浓抹总相宜。（比喻，比拟）

（2）其两膝相比，各隐卷底衣褶中。（靠近，挨着）

（3）比至陈，车六七百乘，骑千余。（等到）

（4）今虽死乎此，比吾乡邻之死则已后矣，又安敢毒耶？（相比……，比起……）

（5）比至南郡，而琮已降。（及，等到）

文言·练一练

1. 畜（xù）　骏（jùn）　喘（chuǎn）　吁（xū）　遣（qiǎn）　询（xún）　掀（xiān）　坠（zhuì）　劣（liè）　驯（xùn）

2. A. 答应，同意　B. 更换　C. 等到

3. 等到他骑上去，马温顺善良得仍像从前一样。

4. 方乘，遂为掀下。连易数人，皆掀坠。（或：连易数人，皆掀坠。）

5. B

第三十三篇　识人辨事（二）

课堂巩固

一、注音

1. 举（jǔ）　废（fèi）

2. 谋（móu）

3. 益（yì）　损（sǔn）　谅（liàng）　便（pián）　辟（bì）　柔（róu）　佞（nìng）

4. 恭（gōng）　耻（chǐ）　匿（nì）

二、原文句意理解

1. C　2. A　3. B　4. C

三、释义与造句

泰而不骄：态度舒泰而不骄傲，也指有地位、有权势后不骄傲。

文言实词与理解

（1）举世混浊我独清。（全，都，整个）

（2）举头望明月，低头思故乡。（举起，抬起）

（3）舜发于畎亩之中，傅说举于版筑之间。（推荐，推举）

（4）今亡亦死，举大计亦死。（发动，调动，举行，实行）

（5）举一隅不以三隅反，则不复也。（举出，列举 ）

（6）吾不能举全吴之地，十万之众，受制于人。（拿，用）

（7）戍卒叫，函谷举。（攻取，占领）

文言 · 练一练

1. 恕（shù）　狱（yù）　诬（wū）　赃（zāng）　裙（qún）　诘（jié）　狭

（xiá） 喧（xuān） 吝（lìn）

2.（1）掌管 （2）给

3. 命令左右把牛拉出来，其中一人默不作声，另外一人不停地大声争辩。

4. 折狱咸得其情

第三十四篇 自信幽默（一）

课堂巩固

一、注音

1. 奚（xī） 惟（wéi） 施（yì）

2. 尽（jìn） 谄（chǎn）

3. 犁（lí） 骍（xīng） 角（jiǎo） 勿（wù） 诸（zhū）

4. 丧（sàng）与（yù）匡（kuāng）予（yú）

二、原文句意理解

1. D 2. C 3. C 4. B

三、释义与造句

犁牛之子：比喻即使父亲有不足之处，但并不影响其子女的优秀。

文言实词与理解

（1）竭忠尽智，以事其君。（竭尽，全部用出）

（2）珍宝尽有之。（全部）

（3）退而甘食其土之有，以尽吾齿。（完，没有了）

（4）子谓韶尽美矣，又尽善也。（达到极点）

（5）转侧床头，惟思自尽。（死）

文言·练一练

1.（1）擅长 （2）经常

2. 陆宅之善谑

3. 机智幽默

第三十五篇　自信幽默（二）

课堂巩固

一、注音

1. 夷（yí）　陋（lòu）

2. 乐（yuè）　所（suǒ）

3. 期（jī）

4. 弦（xián）　莞（wǎn）　割（gē）　偃（yǎn）

二、原文句意理解

1. B　2. A　3. B　4. D

三、释义与造句

各得其所：原指各人都得到满足，后指每个人或事物都得到恰当的位置或安排。

文言实词与理解

（1）一为迁客去长沙，西望长安不见家。（前往，到……去）

（2）我以日始出时去人近，而日中时远也。（距离）

（3）登斯楼也，则有去国怀乡，忧谗畏讥，满目萧然，感极而悲者矣。（离开）

（4）一曲新词酒一杯，去年天气旧亭台。（过去的）

（5）为汉家除残去秽。（去掉、除掉）

文言·练一练

1.（1）担任　（2）牵，拉

2. 现在正是春天，百姓有的忙着耕地，有的忙着养蚕，只有县令没有事情做，可以承担这份辛劳。

3. 关心民生，不畏权势。

第三十六篇　注重历史

课堂巩固

一、注音

1. 殷（yīn） 损（sǔn）

2. 皆（jiē） 薨（hōng） 冢（zhǒng）

3. 监（jiàn） 代（dài） 郁（yù）

4. 述（shù） 好（hào） 窃（qiè） 彭（péng）

二、原文句意理解

1. D　2. B　3. B　4. C

三、释义与造句

信而好古：意思是相信并爱好古旧的历史知识。

文言实词与理解

（1）策勋十二转，赏赐百千强（有余，略多）

（2）周处年少时，凶强侠气，为乡里所患。（强大，强悍）

（3）强本而节用，则天不能贫。（增强，加强）

（4）知困，然后能自强也。（音 qiǎng，竭力，努力）

（5）争而不得，不可谓强。（坚强）

（6）老臣今者殊不欲食，乃自强步。（音 qiǎng，勉强，迫使）

文言·练一练

1.（1）通“悦”，喜悦，高兴 （2）离开

2.（1）我好像饥渴的人在江海边喝水一样，知道满足罢了。

（2）孔子就像江海一样，我又怎么能够了解他?

3. C

第三十七篇 《诗经》之奥

课堂巩固

一、注音

1. 兴（xīng） 群（qún） 怨（yuàn） 迩（ěr）

2. 蔽（bì） 邪（xié）

3. 倩（qiàn） 盼（pàn） 绚（xuàn）

4. 雎（jū） 乐（lè） 淫（yín） 哀（āi）

5. 棣（dì） 华（huā）

二、原文句意理解

1. C 2. B 3. B 4. C

三、释义与造句

哀而不伤：指忧愁而不悲伤，形容感情或行为有节制，不太过分。也形容诗歌、音乐等表现的伤感情调适度。

文言实词与理解

（1）可远观而不可亵玩焉。（观察，观赏）

（2）大王见臣列观，礼节甚倨。（音 guàn，建筑物的一种）

（3）玄都观里桃千树，尽是刘郎去后栽。（音 guàn，道教的庙宇，道观）

（4）此则岳阳楼之大观也。（值得观赏的景物或景象）

（5）今以蒋氏观之。（仔细看，看）

文言·练一练

1.（1）得到 （2）被

2. 你把美玉当作宝贝，我把不接受你的美玉当作宝贝。

3. D

第三十八篇　音乐之妙

课堂巩固

一、注音

1. 韶（sháo）　乐（yuè）

2. 磬（qìng）　蒉（kuì）　哉（zāi）　硁（kēng）　厉（lì）　揭（qì）末（mò）难（nàn）

二、原文句意理解

1. B　2. D　3. C　4. D

三、释义与造句

尽美尽善：极其完善，极其美好，形容事物完美无缺。

文言实词与理解

（1）俄顷风定云墨色，秋天漠漠向昏黑（接近，将近，将要）

（2）寻向所志，遂迷，不复得路。（先前，原来）

（3）狼不敢前，眈眈相向。（向着，朝着，对着）

（4）塞向墐户。（朝北的窗户）

（5）闻操已向荆州。（奔向，趋向）

文言·练一练

1.（1）适合　（2）马上

2. 公明仪对着牛弹奏了一首名叫《清角》的琴曲，牛低着头吃草，就好像没听见任何声音一样。

3. 说话的人不看对象。